CUINA MALLORQUINA

Cuina

Gabriela Kunze · Christoph Mann · Elke Mikhail

Mallorquina

Vom Essen und Trinken auf Mallorca

Hugendubel

Die Deutsche Bibliothek – CIP-Einheitsaufnahme
Kunze, Gabriela:
Cuina Mallorquina : vom Essen und Trinken auf Mallorca / Gabriela Kunze. Ill. von Christoph Mann. Fotos von Elke Mikhail. – München : Hugendubel, 1998
ISBN 3-89631-208-1

Lektorat: Kristin Bamberg, München
Umschlaggestaltung: Zembsch' Werkstatt, München
Produktion: Tillmann Roeder, München
Satz: SatzTeam Berger, Ellenberg
Reproduktion: Longo, Frangart
Druck und Bindung: Bosch Druck, Ergolding
Printed in Germany

ISBN 3-89631-208-1

Inhalt

Einleitung

Sauerkraut und Schweinshaxe, Rostbratwürstchen und Zigeunerschnitzel, Leber mit Zwiebeln, Spaghetti on Toast, Baked Beans, Smørrebrød, Haifischflossensuppe, Indian Curry – alles kein Problem auf Mallorca. Rund sechs Millionen Touristen pro Jahr haben ihre Spuren hinterlassen. In der Architektur, im Alltag, in der Mentalität.

So viele Spuren, daß etliche Mallorquiner fürchten, ihre Identität, ihre Eigenständigkeit zu verlieren.

Mallorca war bis in unser Jahrhundert hinein ein überschaubarer, kleiner Kontinent mit festgefügten Sozialstrukturen. Im Mittelpunkt des gesellschaftlichen Lebens stand die Familie, gleichgültig ob es sich um Bauern, Handwerker oder Vertreter des Adels handelte. Für die meisten Bauern war die Abhängigkeit vom Gutsherrn ein normaler Bestandteil ihres Lebens. Die Unterschiede zwischen den einzelnen Schichten waren bis zum Ende des vergangenen Jahrhunderts beträchtlich, wie überall im feudalistischen Spanien. Bürgertum im Sinne von »bourgeoisie« gab es erst seit der Jahrhundertwende.

Alles in allem hatten die Mallorquiner ihr Auskommen mit dem Einkommen, wenn auch wirklicher Wohlstand nur einigen wenigen vorbehalten war. Aber es ist unsinnig anzunehmen, daß die Insel ohne den Tourismus eine Art heile Welt in heilloser Armut wäre.

Die gesellschaftlichen Veränderungen durch den Tourismus-Boom sind am klarsten bei den jungen Leuten zu erkennen. Das positivste Merkmal: Die mallorquinische Gesellschaft ist tolerant. Das äußert sich in ihrem Verhältnis zu Kirche, Sexualität und zu den Fremden, seien es die »Gastarbeiter« aus dem eigenen Land, die mit dem wachsenden Tourismus als dringend benötigte Arbeitskräfte vor allem aus Andalusien und der Extremadura auf die Inseln kamen und deren Kinder jetzt hier in der zweiten Generation längst heimisch sind, seien es die Zugereisten aus den nord- und mitteleuropäischen Ländern oder seien es die Urlauber.

Längst hat unter der Inselbevölkerung die menschlich-soziale Denkweise das Übergewicht über christlichen Moral-Fundamentalismus erlangt. Die Kinder sind früher erwachsen und selbständig, auch die Mädchen.

Allerdings geht die Offenheit zu Lasten der Familie. Meist leben auch nicht mehr zwei bis drei Generationen unter einem Dach. In

vielen Dörfern sind nur noch die Alten zu finden. Die Jüngeren leben in Palma oder an der Küste, der Arbeitsplätze wegen.

Krisenursache ist auch die Berufstätigkeit beider Eltern. Das Konsumbedürfnis von Jugendlichen wie Erwachsenen ist stark gestiegen. In keinem Land Europas sitzen die Menschen so lange und häufig vor der Glotze wie in Spanien. Massive Werbung sowie die Idole amerikanischer Fernsehserien prägen die Menschen.

Mit wachsendem Wohlstand hat sich allerdings auch der Wunsch nach gutem Essen wieder verstärkt. Man kann sich eben inzwischen längst mehr als das Nötigste leisten.

So hat sie sich denn gegen alle Widerstände behauptet, die »Cuina Mallorquina«, die traditionelle mallorquinische Küche. Sie hat in den letzten zwei Jahrzehnten nach und nach sogar wieder beachtlichen Aufschwung genommen.

Mit dem Demokratisierungsprozeß in Spanien, mit der Schaffung der Autonomen Regionen (vergleichbar den deutschen Bundesländern), mit der wachsenden Freiheit ging auch eine Rückbesinnung auf die kulturelle Eigenständigkeit einher. In der Architektur, im Alltag, in der Sprache, in Bräuchen und Festen – und in der Gastronomie.

Die alljährliche »Mostra de Cuina Mallorquina« in Palma, eine Art »Freßmesse«, bei der ausgesuchte Restaurants das Beste aus Küche und Keller präsentieren, zieht Tausende von Besuchern an. Hier sind die Mallorquiner meist unter sich.

»Arengades, bacallà,
olives i carabassa,
bledes, arrop i melassa
ametles, tàperes i pa,
cames-roges i safrà
alls, cebes de tota raça
peix d'escata si n'hi ha
caragols sense esmocar,
aglans, figues seques, panses
Vetaquí ses vàries danses
que ara mos toca ballar.«

»Heringe, Stockfisch,
Oliven und Kürbis,
Mangold, Sirup und Melasse,
Mandeln, Kapern, Brot,
Zichorie und Safran,
Knoblauch, Zwiebeln aller Art,
Schuppenfisch, wenn es gibt,
Schnecken in ihrem Haus,
Eicheln, Weinbeeren, trockene Feigen …
und das sind unsere Reigen,
die wir jetzt im Tanze zeigen.«

Dieses mallorquinische Volkslied entstand Ende des vergangenen Jahrhunderts. Es zeigt wesentliche Bestandteile der Mallorca-Küche.

Die »Cuina Mallorquina« ist eine Bauernküche, geprägt durch jahrhundertealte landwirtschaftliche Strukturen, geprägt aber auch durch Invasoren, durch Ein- und Übergriffe von Fremden, durch nicht immer willkommene Besucher.

RENAULT

Sie brachten alle etwas mit

Welche Genüsse die Inselbewohner in der Frühgeschichte bevorzugten, ist unbekannt.

Karthager ließen sich auf Ibiza nieder und bekämpften die Griechen auf Mallorca, aus einem einzigen Grund: Auf beiden Inseln gab es Salz. Und die Mallorquiner als gute Opportunisten spielten die Salzmagnaten gegeneinander aus. Die Salinen von Es Trenc im Süden der Insel sind heute noch in Betrieb.

Neue Küchenimpulse brachten die Römer, die 123 v. Chr. auf der Insel landeten. Sie importierten den Ölbaum, den Weinstock. Und sie waren Meister in der Zubereitung von Schweinefleisch. Das inseltypische schwarze Schwein, eine endemische Haustierrasse, soll schon zu römischen Zeiten vorhanden gewesen sein.

Während der Jahrhunderte, da Mallorca an das Oströmische, das Byzantinische Reich angegliedert war, erweiterte sich der Küchenzettel. Byzanz, und damit auch Mallorca, unterhielt Handelsbeziehungen bis ans Schwarze Meer, was Importe aus dem Nahen Osten begünstigte.

Das Goldene Küchenzeitalter brach um 900 mit der arabischen Herrschaft über Mallorca an: Pfirsiche und Feigen, Aprikosen und Mandeln, Kürbis und Auberginen wurden jetzt in den Speisezettel aufgenommen. Ebenso kam eine Vorliebe auf für ungewöhnliche Kombinationen wie zum Beispiel Kaninchen mit Languste, Tintenfisch gefüllt mit Hackfleisch, Blechkuchen mit Paprikawurst. Die Muselmanen waren tolerant; sie hatten ganz und gar nichts gegen den Genuß von Schweinefleisch, zogen aber selbst Lamm oder Kalb vor. Und sie brachten wundersame Leckereien mit, Süßes mit Mar-

zipan und Zimt, mit Kürbismarmelade und Quittenmus, sie brachten Orangen- und Zitronensorbets, köstliche Mandelkuchen. Alles süß und edel.

Mit der christlichen Rückeroberung der Insel durch den König von Aragòn wurde die Küche wieder deftiger, rustikaler, verlor einen Teil ihrer Raffinesse. Bodenständige Gerichte herrschten vor. Man servierte Schwein, Huhn und Lamm, meist gemeinsam mit Gemüse gegart. Nach der zufälligen Landung des Kolumbus in der Neuen Welt kamen auch neue Genüsse auf den Tisch: Kartoffeln zum Beispiel, Tomaten und Paprika.

Die zahlreichen jüdischen Bewohner der Insel sollen das Geheimnis gekannt haben, wie man aus den Auberginen durch Salz die Bit-

terstoffe herausbringt – und ohne Auberginen geht heute auf der Insel zu gewissen Jahreszeiten gar nichts. Von den Juden stammt vermutlich auch der Brauch, Fische zu füllen.

So wurde die Küche Mallorcas zu einem gastronomischen Schmelztiegel der Kulturen, so rund und bauchig wie die traditionellen Tontöpfe, die *olles* und *greixoneras*. Die Kunst der Töpferei brachten die Römer auf die Insel; sie veränderte sich seither kaum. Wenn auch in den heutigen Zentren der Töpferei, in Pórtol und Sa Cabaneta, die Scheiben längst elektrisch angetrieben, die Brennöfen mit Gas geheizt werden. Das Handwerk blieb, wie es war.

Was es heute nicht mehr gibt

Die Küche eines Landes, die Kochkunst seiner Hausfrauen und Meisterköche entwickeln sich stetig weiter, sind niemals an einem Endpunkt angelangt, haben ihre eigene Entstehungsgeschichte.

Die Küche der Balearen unterstand vielen Einflüssen. Einige Erzeugnisse, die einst Gaumen und Herz der Mallorquiner erfreuten, sind verschwunden, andere sind hinzugekommen.

Der römische Schriftsteller und Wissenschaftler Plinius (24 bis 79 n. Chr.) war der erste, der sich in seiner berühmten Naturgeschichte des Mittelmeers auch über die Balearen und die dortigen Sitten und Gebräuche ausgelassen hat. Von ihm erfahren wir, daß zum Beispiel trächtige Kaninchen von den kriegerischen Vorfahren der Mallorquiner hochgeschätzt wurden. Dieses Gericht soll es nur zu hohen Feiertagen gegeben haben. Schwangere Frauen und Kleinkinder erhielten es häufiger, denn es sollte die körperliche Konstitution stärken.

Weniger barbarisch, aber nicht weniger ungewöhnlich war ein Gericht, das noch im ersten Drittel des vergangenen Jahrhunderts besonders bei den Fischern beliebt war. Man bereitete einen Eintopf, dessen Hauptbestandteil *virot*, eine Möwenart war. Wo es auch ging, fing man die Vögel, zog ihnen Gefieder und Haut ab und garte sie mit Reis. Geschätzt war auch gekochter Kormoran, allerdings nur, solange er jung war. War er älter, wurde er zäh.

Auf dem Küchenzettel der Fischer fand man auch häufig eine Suppe aus Meeres-Brennesseln oder gebratene Schnecken.

Schildkrötensuppe gab es nicht nur im Hause der englischen Lady Curzon. In mallorquinischen Kochbüchern taucht sie zum ersten Mal im Jahre 1910 auf. Mit dem Blut der Tiere würzte man die heute immer noch beliebten *butifarrós*, die Blutwürste.

Bei den Fleischgerichten gab es Dinge, die man heute sicherlich nicht mehr schätzen würde: zum Beispiel gebratene Ratten aus den Sümpfen der Albufera. Nagetiere mochte man überhaupt, vor allem mit Knoblauch gebraten oder mit Reis gegart. Von Meerschweinchen sagte man, sie hätten den Geschmack von Kaninchen oder Hase.

In der feinen französischen oder italienischen Küche gelten Seeigel heute noch als Delikatesse. Auf Mallorca schätzte man auch ihre Brüder auf der Erde.

Es war die Aufgabe besonders ausgebildeter Sammler, möglichst viele der stacheligen Nager zu fangen. Wer diese Kunst beherrschte, war im Dorf hochgeehrt. Für dieses Gericht mußte man recht fleißig sein, denn ein gutes halbes Dutzend der Tierchen war pro Person das Minimum. Man briet sie im Backofen oder garte sie mit Reis. Ihr Fleisch soll ähnlich wie Spanferkel schmecken.

Gebratene Wildkatzen oder Delphinbraten fand man nicht häufig auf den Küchenzetteln, aber es gab sie. Heute schüttelt sich jeder beim Gedanken daran.

Schnecken, Tintenfisch, Froschschenkel, roher Fisch: Für uns sind sie heute schon wieder fast ganz normal. Die Welt ist mobiler geworden und damit enger zusammengerückt. Wer weiß, was wir in den nächsten Jahrzehnten noch alles kennenlernen. Denn das Sprichwort sagt: Beim Essen und in der Liebe sind der Phantasie keine Grenzen gesetzt.

Märkte und Zubereitung

»Mercadillos«, Wochenmärkte, haben auf Mallorca eine lange Tradition, die weit ins Mittelalter zurückreicht: Zum Symbol wurde der fahrende Kaufmann, der mit seinem Karren durch die Dörfer zieht, das Horn bläst oder die Glocke schlägt und seine Ware anpreist – Fisch, Fleisch, Obst, Gemüse, Messer, Pfannen und Töpfe.

In fast jedem Dorf, in fast jeder Stadt gibt es den Wochenmarkt. Die Mehrzahl der mallorquinischen Hausfrauen kauft auf den »mercadillos«, wie einst beim fahrenden Händler. Einige wie in Andratx oder Sineu gelten als besonders farbig und sind daher zu lukrativen Ausflugszielen avanciert.

Richtige Markthallen gibt es in Palma seit dem Jahr 1941. Im Rahmen einer umfassenden Stadtsanierung wurde der Mercat Olivar auf der gleichnamigen Plaça errichtet. Er ist neben dem Mercat Santa Catalina an der Plaça Navegació der wichtigste der Stadt. Hier gibt es alle Waren ganz frisch: Gemüse und Obst, Fleisch und Fisch, Käse, Wurst, Schinken, dazu Eingelegtes und Mariniertes. Inzwischen natürlich auch Importware.

tostadas
Melba
2500
3000

Zu jeder Markthalle gehören mehrere Bars: Für den stärkenden Café oder für eine *tapa* zwischendurch.

Bei der Zubereitung der meist frischen Lebensmittel kennen Mallorquiner keine Kompromisse: Entweder garen sie sie sehr lange oder nur ganz kurz. Man schob einst morgens, bevor man aufs Feld zog, die braunen Tontöpfe in den nicht mehr ganz heißen Ofen. Gegen Mittag war alles gar. Oder man legte Fleisch oder Fisch einfach aufs offene Feuer. Das sparte Zeit, und man konnte sich wieder der Arbeit widmen. Natürlich haben sich diese Gewohnheiten im Laufe der Zeit gewandelt und verfeinert.

Wann man was ißt

Essen und Trinken auf Mallorca – das bedeutet bei aller Mobilität, bei blitzschnellen Lebensmitteleinfuhren per Flug, bei hochtechnisierten Treibhäusern und Fischzuchten immer noch, daß man die Jahreszeit, den Monat, die Festtage bedenkt und berücksichtigt. Der Speisezettel der Insel wird davon entscheidend geprägt. Das kann sich für den Geldbeutel günstig auswirken, wenn man zum Beispiel Gemüse der Saison in den *arroz brut* mischt oder Erdbeeren im Mai und nicht im Januar verlangt.

Es kann aber auch teuer werden, wenn um jeden Preis zu Weihnachten Truthahn und Meeresfrüchte auf den Tisch kommen sollen, gleichgültig, wie hoch die Preise sind. Zu Feiertagen ist man noch großzügiger als sonst. Mallorquiner sind allerdings bei den Ausgaben für Lebensmittel niemals knauserig. Rund ein Drittel des Einkommens, sagt die Statistik, gibt man für leibliche Genüsse aus.

Truthahn, Spanferkel, Fisch oder Schalentiere müssen sein zu Weihnachten, sowohl am Heiligen Abend als auch zu den Feiertagen, und zwar meist gefüllt: der Truthahn mit Hackfleisch und Marzipan, Rosinen und Nüssen; Schalentiere mit anderen gehackten Schalentieren, zum Beispiel *cigalas* mit gehackten Gambas; Fisch entweder mit Gemüse und Kräutern, manchmal auch mit Schinken und raffinierten Gewürzen.

»Es día de Nadal, salsa
gallina o gall farçit
tant si es pobre com si es ric
en aquel dia mai falta.«

»Jetzt ist Weihnachten
Da gibt es Hühnersuppe
oder gefüllten Hahn
für arm und reich.«

Kein Weihnachtsfest ohne *torró*. Dieses süße Mandel-Honig-Gebäck gibt es in ganz Spanien, aber auf Mallorca hat man eine spezielle Vorliebe dafür. *Torró* gibt es in unzähligen Variationen: mit dunkel gerösteten oder hell blanchierten Mandeln, mit Eigelb, mit Schokolade, mit Nüssen und Krokant, mit Oblatenpapier, hart oder weich.

»Ara ve Nadal
menjarem torrons
i amb la guitarra
cantarem cançons.«

»Jetzt kommt Weihnachten
da essen wir Turron
und singen Lieder
zur Gitarre.«

Der Brauch, Mandelmilch, *llet d'ametla,* für die »Noche Buena« zuzubereiten, die »Gute Nacht« der Geburt Christi, hat sich fast völlig verloren. In Santa Maria stellt die Familie Mesquida das süße Getränk noch her und verkauft es an die Mitbürger. Das Rezept wollen sie allerdings nicht verraten.

Am Silvesterabend geht man gerne aus. Kaum ein Restaurant, das nicht ein spezielles Silvestermenü anbietet. Die Zusammenstellung ist abhängig von den hauseigenen Spezialitäten und vom Preis. Eines aber fehlt niemals: die *uvas de suerte*, die Glückstrauben, zwölf Stück an der Zahl, von denen man je eine bei jedem Glockenschlag in den Mund stopft. Das bringt Glück. Um alles herunterzuspülen, trinkt man größere Mengen Sekt, nach Möglichkeit *cava* aus Mallorca.

Zur Fastenzeit geht es – sofern sie noch befolgt wird – vegetarisch zu. In den Haushalten werden Gemüsesuppen und -eintöpfe serviert oder *arroz brut* ohne Fleisch, *pa amb oli* ohne Schinken,

Schnecken ohne Speck. Außerdem stehen Eierspeisen, wie die *tortilla espanyol* auf dem Speisezettel. Gott sei Dank ist ja bei aller Enthaltsamkeit Öl nicht verboten, denn bei dieser Art Omelett mit Kartoffeln sollte daran nicht gespart werden.

Die Kinder dürfen ein bißchen tricksen: »Es Jai Carnal« ist eine Holzpuppe, innen hohl, aus deren Bauch viele Schnüre hängen. Zieht man daran, kommt eine Süßigkeit oder ein Bonbon heraus. Man darf aber höchstens einmal am Tag ziehen.

Zu Ostern kann man wieder schlemmen, bereits bei den großen Prozessionen am Gründonnerstag oder Karfreitag: Viele tragen in den weiten Ärmeln ihrer Kutten *confites* bei sich: harte runde Zuckerkugeln, weiß oder bunt gefärbt, die schauerlich schmecken. Die Prozessionsteilnehmer werfen sie Freunden oder Verwandten zu, die sie unter den Zuschauern entdecken.

Ab Ostersamstag gibt es *empanades* (kleine Teigtaschen, mit Fleisch und/oder Gemüse gefüllt), *coca*, eine Art Pizza, die mit Gemüse und/oder Fisch belegt ist, *porçella,* Spanferkel, oder *frit mallorquí*, ein Eintopf aus Lamminnereien. Anläßlich der Romerías, der Wallfahrten in der Woche nach Ostern, bereitet man oft im Freien *arroz brut* oder *paella* auf offenem Feuer zu, in riesigen Pfannen, für alle, die gewallfahrtet sind.

Am Sonntag nach Ostern, der »Festa de l'Angel«, gehen die Bewohner von Palma traditionsgemäß zum Picknick auf den Bellver-Hügel, wo oft auch Wettbewerbe um die beste *empanada* ausgetragen werden. Kochwettbewerbe gehören überhaupt zu fast jeder ordentlichen »Festa«.

Nach Ostern stellt sich die traditionelle Küche nach und nach um: Während von Oktober bis März die schweren, gehaltvollen und kalorienreichen Eintöpfe vorherrschen, bevorzugt man im Sommer Gegrilltes: Fleisch und Fisch mit viel Salat, der in den buntesten Variationen auf den Tisch kommt. Und man ißt noch später als im Winter: Mittags kaum vor 15 Uhr, abends selten vor 22 Uhr.

Bei den Patronatsfesten auf den Dörfern während der Sommermonate ist das Essen ausnahmsweise einmal nicht das Wichtigste: Man will sich amüsieren, tanzen, schwofen, schwatzen. Und trinken, viel trinken.

Ab Oktober stehen mallorquinische Hausfrauen wieder häufiger am Herd. Eines der wichtigsten Gerichte im Herbst ist das *bollit*, wörtlich »Gekochtes«, ein Eintopf aus mehreren Fleisch- und mehreren Gemüsesorten. Dazu reicht man Trauben, Melonen und Granatäpfel sowie eine Schale geröstete Mandeln.

Im Frühjahr und im Herbst frönen die Mallorquiner ihrer Sammelleidenschaft. Sieht man am frühen Morgen Menschen gebückt am Straßenrand, hat das meist kulinarische Gründe: Nach Regenfällen sucht man Schnecken, im Frühjahr fahnden sie nach dem frischen grünen Spargel mit dem leicht bitteren Geschmack, im Oktober/November ziehen ganze Heerscharen von Menschen in die Wälder auf der Suche nach Pilzen.

Die Ausbeute ist meist ergiebig. Bis zu 25 Kilogramm pro Pilzgang konnten Sammler oft schon mit nach Hause nehmen. Nicht immer zur Freude der Grundbesitzer, die ungebetene Eindringlinge meist vertreiben, was aber besessene Pilzsucher kaum abhält.

Die Lust am Pilzesuchen ist verständlich, denn zum einen gibt es kaum schmackhaftere Gerichte, und zum anderen sind die Preise auf den Märkten oft astronomisch hoch. Die mallorquinischen *esclatasangs* (Blutreizker) können bis zu 7000 Pesetas kosten, die katalanischen *setas* kosten ungefähr die Hälfte. Allerdings behaupten Kenner, die mallorquinischen Pilze seien weitaus schmackhafter.

Auf Mallorca gibt es rund 100 verschiedene Pilzsorten, von denen ein knappes Dutzend giftig sind. Insbesondere zwei Sorten, Amanita Phalloides und Amanita Virosa, können nach dem Genuß ziemlich schnell zum Tode führen. Weitere dreißig sind zwar nicht giftig, aber auch nicht recht genießbar, sei es, daß sie einen üblen Geruch oder Geschmack haben, sei es, daß ihr Fleisch einfach nicht zu kauen ist.

Die restlichen knapp sechzig Sorten schmecken köstlich.

Am 21. Oktober, in der »Nit de Verges«, der »Jungfrauen-Nacht« in Erinnerung an die heilige Ursula, bringen die jungen Männer den Mädchen ein Ständchen und werden dafür mit *bunyols* – süßen, mit Zucker bestreuten Schmalzküchlein, dem Berliner Pfannkuchen en miniature – und einem Glas Malvasier-Wein belohnt. Dieser Wein war einige Weile außer Mode geraten, wird aber heute wieder an den Hängen von Banyalbufar nach den alten Vorschriften angebaut.

Auch zu Allerheiligen gibt es Süßes: *panellets* – Mandelbrote mit Marzipan und vielen Gewürzen; man schenkt sie den Großeltern und Paten. Vielleicht aber schenkt man auch einen kunstvollen Rosenkranz aus Pralinen mit Quittengelee und Eigelb, Schokolade und Vanille, Kokosnuß und Zimt.

Jetzt im Spätherbst haben Völlerer und Gourmets Hochsaison. jetzt kommen Wildvögel wie »Tordos« (Drosseln), »Perdices« (Schnepfen) und »Codornices« (Wachteln) auf den Tisch; sie werden auch heute noch oft mit Netzen gefangen, wie einst »Herr Heinrich am Vogelherd«, ein Brauch, der allerdings mittlerweile sehr umstritten ist und von Naturschützern strikt abgelehnt wird. Die verschiedenen Kohlsorten sind jetzt im Herbst besonders schmackhaft; zu den meisten Gerichten gibt es wieder Saucen.

Im September/Oktober sieht man an dörflichen Hauswänden die purpurroten Bänder der aufgereihten roten Paprikaschoten. In den letzten Jahren wurde diese Arbeit immer unbeliebter. Nur noch wenige Bäuerinnen in Pórtol, Consell, Santa Maria oder Llucmajor unterziehen sich dem mühsamen Geschäft.

Die Paprikaschoten werden rund um Colonia de Sant Jordi angebaut. Danach werden sie sackweise ins Inselinnere transportiert. Nach der Zahl der verarbeiteten Säcke richtet sich die Bezahlung der »Auffädlerinnen«. Drei bis vier Sack pro Tag kann man bei eifriger Arbeit schaffen.

Nachdem die Paprika aufgereiht sind, werden sie ungefähr einen Monat lang an den Hauswänden aufgehängt. Nach Möglichkeit in Richtung Süden. Sonne, Regen und Feuchtigkeit lassen sie schrumpeln, das meiste Wasser entweicht.

Fast alle alten Bauernhäuser haben heute noch in Höhe des Dachgeschoßes die riesigen Nägel, die zum Aufhängen dienen.

Nach gut einem Monat nimmt man die Paprika-Bänder wieder von der Wand. Die guten kommen »ins Töpfchen«, die schlechten – auf

den Müll. Dann werden die Stengel entfernt. Worauf mallorquinische Bäuerinnen besonderen Wert legen, denn das macht den mallorquinischen Paprika besonders rein. In den modernen Fabriken werden samt und sonders die ganzen Früchte verarbeitet.

Danach kommen die Schoten in einen eigens zu diesem Zweck konstruierten Holzofen, wo sie bei mäßiger Hitze langsam trocknen müssen. Die Wärme wird in Röhren durch den Ofenraum geleitet. Danach hackt man die Schoten sorgfältig sehr klein und passiert sie durch riesige Siebe. Jetzt kann der Paprika abgefüllt werden.

Nach und nach verschwindet dieser Brauch völlig von der Bildfläche. Für junge Leute scheint die Arbeit nicht rentabel genug, obwohl nach wie vor riesige Nachfrage besteht, denn der »handgemachte« Paprika ist weitaus geschmacksintensiver als der maschinell verarbeitete Paprika. Außerdem sind die pulverisierten Schoten ein unerläßlicher Bestandteil für die rote Schweinewurst *sobrasada*. Und deren Hochsaison beginnt in Kürze, dann nämlich, wenn die mallorquinischen schwarzen Schweine rund und fett und damit reif für das Schlachtfest sind.

»Matança« – Schlachtfest. Das bedeutet Innereien und Metzelsuppe: Man muß schließlich sparen. Bald ist Weihnachten, und da sind Truthahn, Fisch und Spanferkel teuer.

Apropos Ferkel

»Das Schwein ist der König der Tafel« hieß es in der – nicht sehr geglückten – Übersetzung einer Broschüre des Fremdenverkehrsverbandes über die »Cuina Mallorquina«. Und es stimmt: keine Fiesta, keine Familienfeier, kein gesellschaftliches Ereignis ohne *porcella rostida*, ohne Spanferkel aus dem Holzofen.

Schweinefleisch und alles, was damit zusammenhängt, hatte und hat auf Mallorca große Bedeutung. Die Schweineschlachtung »La Matança« begeht man fast überall mit einem großen Fest.

Die »Matança« ist einer der Bräuche, die sich – trotz moderner Zeiten und trotz Tourismus – mit am reinsten erhalten haben. Was mit Sicherheit damit zusammenhängt, daß die Mallorquiner die althergebrachten leiblichen Genüsse nach wie vor schätzen. Genüsse wie die Paprikawurst, *sobrasada*, oder *butifarrós*, die kleineren Blutwürste. Hoch im Kurs steht auch *frit mallorquí*, ein Eintopf aus Innereien, frischem Gemüse und Kartoffeln, gewürzt mit Fenchel, Rosinen und Pinienkernen.

Zu anderen Jahreszeiten bereitet man *frit* vornehmlich aus Lammfleisch zu, zu Zeiten der »Matança« ist die Basis Schweinefleisch.

In früheren, ehrfurchtsvolleren Zeiten opferte man den Göttern das Beste vom Tier, das weniger Gute aß man selbst. Doch bald schon verkehrte sich die fromme Gepflogenheit ins Gegenteil. Man ging dazu über, den Göttern das Gekröse, sich selbst aber die Filets und Schinken zuzuweisen. Opferfreudige Könige und Tyrannen der Antike veranstalteten auf diese Weise sympathieerzeugende Massenspeisungen.

Die Sprache verrät's, wie üblich. Schlachten heißt auf mallorquí »sacrificar«. Ganz ähnlich dem lateinischen Wort für opfern. So

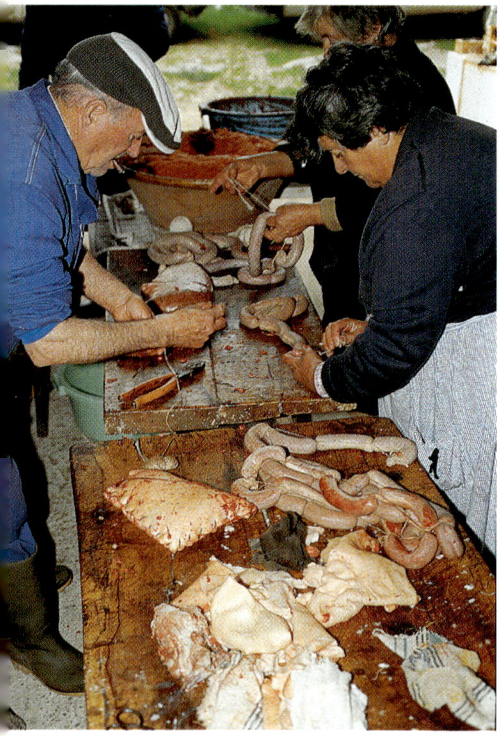

opfern wir heute dem eigenen Appetit. Hand auf's Herz: Wer kennt schon das Schwein, von dessen Hinterbein wir gerade ein Viertel gekochten Schinken gekauft haben?

Bei den meisten Mallorquinern ist das anders. Sie kennen das Schwein, das sie anläßlich der »Matança« schlachten, denn ein Schwein zu halten, gehört nicht nur für Landwirte sozusagen zum guten Ton. Viele Mallorquiner, die zwar eine Stadtwohnung in Palma bewohnen, haben oft noch eine kleinere oder auch größere »Casa del Campo«, ein Haus auf dem Lande. Wo sie denn auch oft ein Schwein halten.

Die meisten mallorquinischen Bauern schlachten nicht selbst. Sie lassen den »Escorxador« kommen, den professionellen Schlachter. Manche bringen die Tiere auch ins örtliche Schlachthaus.

Während der »Escorxador« das kurze, aber scharfe Messer wetzt, versammelt sich die Familie mit Freunden und Nachbarn um den Opfertisch (der heißt wirklich so).

Man schürt das Feuer, stellt Schüsseln und Schalen bereit, in denen man das Blut auffängt, in denen man die Würste kocht: *butifarrós, sobrasadas, longanisses,* eine schlankere Abart der *sobrasada*.

Ein gutes mallorquinisches Hausschwein wiegt immerhin gute hundert Kilo. Die nur auf Mallorca gezüchteten schwarzen Schweine, deren Fleisch als besonders schmackhaft gilt, wiegen etwas weniger. Sie haben im allgemeinen auch weniger Fett.

Der tödliche Schnitt ist kurz und präzis. Danach wird das Schwein rasiert. Die Männer übergießen die Tierkörper mit heißem Wasser, während der »Escorxador« mit einem breiten Messer schabt: Eine Operation, die nicht nur für die Qualität des Fleisches wichtig ist. Auch die Schweinehaut findet bei der späteren Verarbeitung Verwendung. Sie wird zu kleinen Säcken genäht, in die man die

camaiot füllt, eine Art Blutwurstsülze mit größeren Fleischstücken.

Nach dem Rasieren folgt die Aufteilung. Sie kann auf unterschiedliche Weise vor sich gehen. Entweder geht der erste Schnitt in den Rücken des Tieres, sprich zu den Koteletts. Zu diesem Zweck wird das Tier mit den Beinen nach unten auf einen Bock gehievt. Oder aber man schneidet zuerst die Innereien heraus. Dazu kann das Tier hängen oder auf dem Rücken liegen. Die erste Art gilt als die kunstvollere. Die weißen Teile, aus denen die *sobrasada* gemacht wird, trennt man von den blutigen, die zur Herstellung der schwarzen *butifarrós* dienen.

Bemerkenswert für die mallorquinische »Matança« sind zwei Eigenheiten. Erstens: Alles außer Schinken und Rücken (das sind die Koteletts, Schnitzel und Filets) wird zu Wurst verarbeitet. Zweitens: An der Wurstzubereitung wirken nur die Frauen mit, die zur Zeit der »Matança« nicht menstruieren. Eine wahrhaft alttestamentarische »Reinheitsregel«, die an antike Opferbräuche denken läßt.

In diskreten Berichten hört man, daß sich die »älteren« Frauen ans Wurstmachen begeben, während die »jüngeren« in der Küche wirken und das *frit* bereiten, das historische Gebräu aus Innereien, am Schlachttag auch mit Zwiebeln, Kartoffeln, Knoblauch und Paprika. Oder *arroz brut*, ein Eintopf mit Reis, Safran und frischem Gemüse der Saison, und natürlich mit Schweinefleisch. Alles in allem ein Opfermahl, das die ganze Familie gemeinsam verspeist.

Verdures, hortalisses, ensaladas i llegums – Grünes ist gefragt

Ist in Europa von gesundem Essen die Rede, wird immer wieder die sogenannte Mittelmeerdiät zitiert. Das ist keine Diät im eigentlichen Sinne; sie wird eher bestimmt durch die Auswahl der Lebensmittel, die Art der Zubereitung. Sie hat einen hohen Anteil an frischen Gemüsen und Früchten, viel Fisch, mäßig Fleisch, vielen Milchprodukten und pflanzlichen Fetten, vor allem Olivenöl.

Diese Angaben gelten auch für Mallorca, wenn auch mit Einschränkungen – des Schweinefleisches wegen.

Dennoch – Obst und Gemüse sind auf Mallorca zu allen Jahreszeiten unvermeidlich. Küchenhits sind *albergínies farçides*, gefüllte Auberginen, *la fava parada*, ein Eintopf aus weißen Bohnen, *tumbet*, ein Eintopf aus frischem Sommergemüse wie Auberginen, Paprika, Tomaten, grünen Bohnen, *trempò*, ein Salat aus

Tomaten und Zwiebeln, oder *escudella fresca*, eine Gemüsesuppe.

Zu allen Arten von gegrilltem und gebratenem Fleisch – und auch Fisch – gibt es auf der Insel mindestens eine kleine Portion Salat. Immer unangemacht, ohne jede Form von Sauce oder Dressing. In allen Restaurants stehen Fläschchen mit Olivenöl und Essig, dazu Salz und Pfeffer bereit. Zitrone zum Salat ist unbekannt.

Und man liebt alles, was mit *col* (Kohl) und *patates* (Kartoffeln) zu tun hat.

Alle diese Köstlichkeiten wachsen im Inselinneren, vor allem im Landwirtschaftsgebiet rund um Sa Pobla. Wobei Kenner eher auf die Kartoffeln aus Campos schwören. Dreimal pro Jahr gibt es neue Kartoffeln, dreimal pro Jahr eine Ernte. Kartoffeln im Keller – oder im »Rebost«, der Vorratskammer – gibt es nur selten.

Kartoffeln sind außer Kapern und Mandeln die einzigen landwirtschaftlichen Produkte der Insel, die in größerem Rahmen exportiert werden. Kartoffeln gehen nach Großbritannien, und es ist geradezu Ironie des Schicksals – oder schiere unternehmerische Blindheit – , daß sie später, zugeschnitten, abgepackt und tiefgefroren, wieder importiert werden.

In Sa Pobla wachsen auch hervorragende Artischocken, die die Bauern ihres dornigen Gestrüpps wegen oft an den Feldrainen anpflanzen, hier gibt es Bohnen und Kohl, Erdbeeren und Kürbisse.

Die besten Äpfel der Insel kommen aus Orient, die saftigsten Kirschen und Birnen aus Puigpunyent, die süßesten Aprikosen aus Porreres, wo man sie oft auf Mandelbäume aufpfropft, die dicksten Melonen aus Vilafranca, wo man dieser Frucht zu Ehren sogar ein Fest feiert: »Sa Festa d'Es Melò«, früher auch immer verbunden mit einer Miss-Wahl. Heutzutage will kein Mädchen mehr »Miss Melone« werden.

Feigen – das köstliche Früchtchen

Feigen wachsen rund um Costitx, Sencelles, Santa Eugenia und Sineu. Obwohl es Feigen schon seit vielen Jahrhunderten auf Mallorca gibt, begann die intensive Kultivierung erst im 18. Jahrhundert. Alle »Possessions«, alle großen Landgüter, hatten Hunderte von Bäumen. Einerseits betrieb man mit den getrockneten Früchten einen schwunghaften Handel, andererseits dienten sie als Viehfutter, vor allem für die berühmten schwarzen Schweine.

Den Höhepunkt hatte der Feigenanbau in der Mitte des vorigen Jahrhunderts. War eine Finca auch noch so klein, sie mußte einen eigenen Feigenbaum haben. Sie waren auch bei geringem Landbesitz insofern praktisch, als man sie in Kombination mit Getreide anbauen konnte. Beide Kulturen stören einander nicht, sondern ergänzen sich.

In jener Zeit produzierte Mallorca mehr als 57 Millionen Tonnen Feigen. Feigen, die teils getrocknet, teils frisch auf das spanische Festland, in nordafrikanische und nordeuropäische Länder exportiert wurden.

Das ist heute Geschichte. Frische Feigen werden zwar immer noch als Delikatesse geschätzt, aber seit die Löhne der Erntearbeiter astronomisch in die Höhe geschnellt sind, lohnt sich der Anbau kaum noch.

Rund fünfzig verschiedene Feigensorten kannte man auf Mallorca, mit unterschiedlicher Größe, unterschiedlichem Geschmack, unterschiedlicher Erntezeit. Was man beim Anbau bewußt plante. Nicht alle Feigen sollten auf einmal reif sein. Schließlich kannte man noch wenige Konservierungsmöglichkeiten.

Die Ernte begann jeweils am 24. August, dem Tag des heiligen Bartholomäus. Christus erkannte den Apostel als den, »der unter dem

Feigenbaum sitzt«, also als einen Menschen, der schon einen Grad der Mysterienschulungen hinter sich hat. Meist zog sich die Ernte bis weit in den September hinein. Sie war normalerweise Frauensache und ein willkommener Anlaß für ein Fest.

Während der Erntezeit bereitete man *pan de figa*, Feigenbrot, das aus zerstoßenen Früchten mit vielen Gewürzen, unter anderem Fenchel und Anis, bestand. Das Gebäck wurde mit Feigenblättern abgedeckt. Besonders das Feigenbrot von Moscari war berühmt. Heute gibt es im Landgut La Granja bei Esporles ausgezeichnetes Feigenbrot.

Orangen und Zitronen aus dem Goldenen Tal

Jedes Jahr im Mai feiert man in Sòller auf sehr realistische Weise die »Festa de Moros i Cristians« in Erinnerung an den Sieg der Bürger von Sòller über die maurischen Piraten des Freibeuters Occhialis im Jahr 1561.

Sòller, das »Goldene Tal«, verdankt den einstigen arabischen Herren seinen Reichtum. So blieb von den Feinden mehr als nur das Fest. Die Vorfahren jener Seeräuber legten hier die Gärten an, führten ihnen das Wasser zu. Sie schufen hier – wie auch in Banyalbufar – die Grundlage für das heutige vorbildliche Bewässerungssystem der Gemeinde und hinterließen damit das Rezept, wie man aus Orangen Gold macht.

Im 19. Jahrhundert blühte der Handel mit Frankreich, Deutschland und der Schweiz ganz besonders. »Jardin d'Espagne« nannte man in Frankreich das Tal. Heute sind die Zitrusgärten zwar immer noch rentabel, aber eher ein beliebtes Ausflugsziel für Touristen.

Wann Mallorca-Orangen Saison haben? Grundsätzlich im Winter, obwohl man aufgrund der unterschiedlichen Arten auch unterschiedliche Reifezeiten berücksichtigen muß, so daß man von Erntezeiten in den Monaten von Oktober bis in den Mai hinein sprechen kann.

Zitronen gibt es das ganze Jahr hindurch. Die Bäume tragen Blüten und Früchte gleichzeitig.

Flüssiges Gold und alte Bäume

Was haben die Produktion von mallorquinischem Olivenöl und der touristische Boom der Insel miteinander zu tun? Auf den ersten Blick gar nichts. Bei näherem Hinsehen allerdings ist die viel

besprochene Rückläufigkeit der hiesigen Speiseöl-Produktion mit der touristischen Entwicklung auf Mallorca untrennbar verbunden.

Vor rund 25 Jahren begann man hierzulande damit, die alten Ölbäume zu fällen. Das Holz wurde recht gewinnbringend an die Souvenir-Produzenten von Manacor geliefert, die daraus Salatschüsseln, Bestecke, Löffel, Aschenbecher und viele andere Gegenstände herstellten. Es war eine überaus kurzsichtige Entscheidung, die zur Folge hatte, daß ein Großteil der jahrhundertealten Olivenbäume vor allem im nördlichen Tramuntana-Gebirge verschwanden. Damit begann der Niedergang der mallorquinischen Ölproduktion, die einst nicht nur stetigen Gewinn brachte. Mallorquinisches Olivenöl war anerkannt und beliebt.

Heute kommt das meiste auf Mallorca vertriebene und konsumierte Olivenöl vom spanischen Festland, mit Ausnahme der Produktion der Landwirtschafts-Kooperative Sant Bartomeu in Sóller. Sie ist bis heute ein bedeutender Wirtschaftsfaktor im Tal von Sóller. Das Öl von Sant Bartomeu hat seit 1992 eine eingetragene Herkunftsbezeichnung. Dort befindet sich die letzte noch verbliebene große Ölpresse der Region.

Gastronomie-Experten allerdings sind der Meinung, daß gerade der hohe Säuregehalt des hiesigen Öls den unverwechselbaren Charakter der traditionellen mallorquinischen Küche ausmacht.

Vor hundert Jahren gab es auf der Insel noch rund 200 Olivenpressen, heute existieren noch ein knappes Dutzend »tafonas«, von denen allerdings auch nicht mehr alle gebrauchsfähig sind. Zum gleichen Zeitpunkt betrug die Anbaufläche noch gut 27 000 Hektar, heute liegt sie bei einem Zehntel. Und ein Großteil der noch vorhandenen Bäume, vor allem im Tramuntana-Gebirge, erfüllen besonders touristische Zwecke. Denn was wäre Mallorca ohne seine Oliven. Kein organisierter Ausflug in den Norden der Insel ohne einen (Foto)stopp vor einem »tausendjährigen« Olivenbaum. Auch wenn der Baum nur ein paar hundert Jahre auf dem Ast hat.

In alten Zeiten gab es noch den Beruf der Olivenpflückerinnen, die im Herbst von Finca zu Finca zogen, in eigens für sie gebauten »porxeres« übernachteten. Der Preis, den man heute für Tagelöhner zahlen muß, die meist aus Andalusien kommen, ist so hoch, daß viele Bauern keine andere Möglichkeit haben, als die Früchte am Baum reifen zu lassen. Nicht alle Landbesitzer können sich die Erntekosten noch leisten, auch wenn der Kilopreis für die Oliven nicht einmal so schlecht ist.

Mallorcas Nationalgericht

Es soll am Abend des 12. September 1229 gewesen sein, unmittelbar nach der Landung der christlichen Truppen am Strand des heutigen Santa Ponca. Bis zum endgültigen Sieg über die Araber, bis zum Einzug in der Hauptstadt, der Medina Mayurka, stand dem jungen König Jaume I. noch ein hartes Stück Arbeit bevor. Doch das Fußvolk jubelte dem Herrscher zu, lud ihn ein, das Mahl mit ihnen zu teilen, das bescheiden genug war: dunkles Brot und Knoblauch. Dem König soll es gemundet haben. Denn er verkündete: »Bé em dinat. – Ich habe gut gegessen.«

Der Ort des Geschehens heißt bis heute Bendinat, ein Hügel, später ein Castillo, in unserer Zeit befindet sich hier auch ein Golfplatz mit Urbanisation.

Historiker halten die Geschichte für frei erfunden. Aber die Sitte blieb: Brot und Knoblauch. Und Öl. Denn Olivenöl ist inzwischen unerläßlich für Mallorcas Nationalgericht schlechthin: *pa amb oli* (Brot mit Öl).

Man nehme eine Scheibe Graubrot (auf der Insel »Pa Negre« genannt), röste es kurz, reibe es mit Knoblauch und Tomaten ein, begieße das Ganze mit Olivenöl. Wer's üppig möchte, belege es noch mit einer Scheibe Schinken oder Käse. Kenner schwören darauf, daß *pa amb oli* mit den einheimischen *tomatiges de ramellet* am besten schmeckt. In den dörflichen *comestibles*, den kleinen Tante-Emma-Läden, werden sie aufgefädelt und, zum Zopf geformt, angeboten.

Sie gedeihen im Inselinneren, in Montuiri, Lloret de Vista Alegre, Sant Joan oder Petra. Sie haben kleine Blätter und eine dicke Haut. Erntezeit ist im September und Oktober. Die Sorten aus bewässertem Anbau sind bis zu Sant Antoni haltbar. Für viele Bauern teilt sich immer noch das landwirtschaftliche Jahr in Zeitabschnitte nach den Namenstagen der Heiligen. Sant Antoni (in Deutschland auch »Schweinetünn« genannt) ist am 17. Januar.

Lange bevor es auf Mallorca schneite ...

... so fangen auf Mallorca Märchen an. Doch nicht nur vom winterlichen Schnee ist die Rede, sondern vom Blütenschnee der Mandelbäume.

Süße Geschichten. Doch da gibt es noch eine Geschichte. Die ist weniger süß, die ist lausig. Es ist die Geschichte von der Reblaus, die heute vor genau hundert Jahren auf Mallorca eintraf und den Weinstöcken auf der ganzen Insel ruckzuck den Garaus machte.

Das war 1891. Da kam den Bauern eine Idee. Sie gründeten eine Gesellschaft, nannten diese »Societat d'Amics del Pais – Vereinigung der Freunde des Landes« und entwarfen lauter schöne Pläne zur Modernisierung und Sanierung der mallorquinischen Landwirtschaft, einschließlich der zerstörten Rebkulturen.

Nicht, daß sie den Kampf gegen die Läuse aufgenommen hätten! Sie waren praktischer, pragmatischer und pflanzten anstelle der lausigen Rebstöcke Bäume, auf die Läuse keine Lust haben: Mandelbäume. Die meisten »Ametlers« wurden an der Ostküste angesiedelt, von Portocristo und Manacor bis hinunter nach Santanyi und im Raum von Felanitx und Llucmajor; danach auch in der klimatisch nicht so günstigen Ebene.

Nach und nach wuchs die Anbaufläche auf gute 80 000 Hektar auf denen um 1980 etwa sieben Millionen Bäume gezählt wurden, zuzüglich weiterer 250 000 wildwachsender Exemplare.

So jedenfalls die Statistik des Landwirtschaftsministeriums, die auch von 70 verschiedenen Mandelsorten spricht, süßen Mandeln notabene. Bittermandeln sind nicht dabei.

Noch vor etwa 30 Jahren, um 1970, war Mallorca der größte spanische Mandelproduzent. Die Süßwarenindustrie von Valencia und Toledo riß sich um die Mallorca-Mandel mit ihrem charakteristischen herbsüßen Geschmack, mit dem die Importmandel aus Kalifornien nicht mithalten konnte. Das berühmte Toledo-Marzipan war ohne Mallorca-Geschmack nicht denkbar, ebensowenig wie die valencianischen *turrones*.

Just im Jahre 1970 tauchten auf der Börse von Reus bei Tarragona die ersten Industrie-Mandeln auf: schöne, gleichförmige Kerne, die ansehnlicher waren als die kleinen Kerne aus Mallorca; Mandeln, die mehr dem Auge gefielen als dem Gaumen.

Die Süßwarenproduzenten gingen, ohne zu zögern, auf die maschinenfreundliche, weniger schmackhafte Mandel aus Valencia oder Kalifornien über; nur noch die heimische Fabrikation blieb der Mallorca-Mandel treu. Mandeln, die in Bars zu Drinks verabreicht werden, kommen vom spanischen Festland oder aus Amerika.

Eine Zeitlang ließen die Bauern die Mandel am Baum verkommen. In den letzten Jahren wurde die Situation besser. Es werden wieder »ordentliche Preise für Mandeln« gezahlt, wie »Almendras de Mallorca«, die größte Exportfirma der Insel, bestätigt.

Der Pferdefuß an der Angelegenheit ist allerdings die Tatsache, daß hierzulande die letzten Ernteerträge zu wünschen übriglassen: Viele Mandelbäume sind einfach nicht mehr gepflegt genug. Die Mühe lohnte sich oft nicht. Doch das Blütenwunder wiederholt sich Jahr für Jahr, ob nun die Erträge rentabel sind oder nicht.

In den Rezepten der Insel haben die Mandeln viele Spuren hinterlassen. Gleichgültig ob *pollastre amb salsa d'ametles* (Huhn mit Mandelsauce) oder *liebre amb ametles* (Hase mit Mandeln), man serviert Mandelsauce auch mit Schweinefleisch. Mandeln findet man auch in vielen Desserts, beispielsweise im Mandeleis oder dem berühmten *gató*, einem köstlichen, leichten Mandelkuchen.

Trockenfrüchte und alle Sorten von Nüssen sind auf der Insel sehr beliebt. Besonders Pinienkerne findet man in den traditionellen *sopes mallorquinas*, dem Eintopf mit getrocknetem Brot, oder auch in vielen Fischgerichten.

Wohlgeschmack aus Blütenknospen

Die mallorquinische Kaper *tàpera* galt und gilt als die beste der Welt, ist ein renommierter Exportartikel: Das »grüne Gold« aus Mallorca fand nicht nur in europäischen Ländern willige Abnehmer, sondern auch in Übersee, sogar in Neuseeland.

Ob das bleibt, fragt sich. In Llubí, der mallorquinischen Kapern-Metropole, gehen nur noch ein paar Unverbesserliche auf Kapernernte und kriechen zwischen sechs und zehn Uhr früh zwischen den harten, bodendeckenden Sträuchern umher, wo sie die *tàperes* per Hand pflücken. Nur die Blütenknospen wohlgemerkt. Eine maschinelle Ernte ist nicht möglich. Nur bestimmte Knospen sind für die Ernte geeignet, so daß man jeden Strauch mehrmals bearbeiten muß. Die Knospen werden dann gekocht, gesalzen und in Essig eingelegt.

Die Blüten der Capparis Spinosa sind wunderschön. Der bis zu 1,50 Meter hohe Strauch mit rutenförmigen Zweigen hat wechselständige Blätter. Sie haben eine stumpfe oder eingekerbte Spitze.

Die Blüten können einen Durchmesser von fünf bis sieben Zentimeter haben, die Kelchblätter sind besonders auffällig weiß oder hellviolett. Die Krone ist unscheinbar, dafür sind die Staubblätter zahlreich.

Das beste Kaperngericht Mallorcas ist eindeutig *llengua amb tàperes* – Zunge mit Kapern. Auch Salate werden auf köstliche Weise mit Kapern angereichert.

Gewitterfisch und Ziegenfüße

Die Fischerei ist das mindestens zweitälteste Gewerbe der Welt. Auch auf Mallorca hat diese Zunft eine lange Geschichte. Heute leben nur noch rund 1400 Menschen direkt vom Fischfang. Sie betreiben den Fang wie altersher mit Booten, die man »llaut« nennt, und mit Gerätschaften, die sich seit dem Mittelalter nicht viel verändert haben. Mittelalterlich sind auch ihre gesellschaftlichen Strukturen. Fast alle Fischer sind Mitglied in einer der 16 »Cofradías«, Zünfte oder Bruderschaften, die auch religiöse Bezüge haben. Am 29. Juni ehren sie ihren Schutzpatron, Sant Pere, meist mit einer Prozession. Der heilige Petrus ist ihr Leitbild.

Der Arbeitsrhythmus richtet sich nach den Jahreszeiten. Im Winter fischt man meist nach der »Soltes«-Methode, einer Art Netzfischerei. Die rechtwinkligen Netze sind 2000 Meter lang, 13 Meter hoch, die Maschen haben einen Durchmesser von etwa fünf Zentimetern. Man legt die Netze in Küstennähe in Sechser- oder Schneckenfor-

men aus und kontrolliert zweimal pro Tag. Thunfische, Goldbrassen, Weißbrassen oder der dunkle Bonito gehen ins Netz. Wer wann und wo fischen darf, ist streng festgelegt.

Für die Schleppnetzfischerei werden die Reviere im April vergeben. Die Saison dauert vom 1. Mai bis Ende August. Dann gehen auch größere Fische ins Netz.

Die Fischerei auf Mallorca befindet sich seit Jahren in der Krise. Die Ressourcen in den balearischen Gewässern sind gering und wurden seit jeher stark ausgebeutet. Und – Mallorca lebte immer mit dem Rücken zum Meer. Die Landwirtschaft stand immer höher im Kurs.

So spielt der Fisch in der Cuina Mallorquina eine untergeordnete Rolle. Aber es gibt wunderbare Genüsse aus dem Meer, zum Beispiel den *jonquillo.* Am 1. Dezember beginnt die Saison dieses winzigen Fischleins. Die Menge eines Eßlöffels davon wird in einen mit Kräutern gewürzten Teig getaucht und in schwimmendem Fett ausgebraten: Eine Delikatesse!

Oder die Ziegenfüße, die *peus de cabra*, eine schwarze Muschelart, die wirklich Ähnlichkeit mit Ziegenfüßen hat. Die *peus de cabra* sind horrend teuer. Mancher ist bereit, des Wohlgeschmacks wegen jeden Preis dafür zu zahlen.

Llampuga gibt es nur auf Mallorca. In anderen Regionen Spaniens hat dieser dunkle Fisch nicht einmal einen Namen. Man sollte ihn nur bei Gewittern fischen, nur dann hat er den richtigen Geschmack. Man bereitet ihn gerne mit viel Gemüse.

Auch der *caproig,* der Rotkopf, ist ein Mallorca-Fisch. Er schmeckt am besten a la plancha. Doch Achtung: Die Gräten sind absolut biestig.

Noch immer werden in balearischen Gewässern Fische harpuniert. Das ist zwar strengstens verboten, aber Kenner schwören auf diese Art des Fischfangs. Durch den plötzlichen Todesstoß bleibt der Fischgeschmack besser erhalten. Man muß in einem Fischrestaurant schon Stammgast und absolut vertrauenswürdig sein, um entsprechend informiert zu werden.

Käse heißt Formatga

Am bekanntesten ist auf Mallorca der Käse aus der menorquinischen Stadt Maó. Es gibt ihn in drei verschiedenen Reifegraden: jung, mittelalt und alt, ähnlich wie beim holländischen Gouda. Wie jener hat auch der *formatga de Maó* eine geschützte Markenbezeichnung. Der einst auf Mallorca berühmte frische Schafskäse wird nur noch von einigen wenigen Landwirten zum Eigenbedarf produziert. Dort, wo das Zentrum der mallorquinischen Landwirtschaft war, zwischen Campos und Llucmajor.

Dort haben sich die Produktionsmethoden seit Jahrhunderten kaum geändert, dort werden Gerätschaften verwendet, die mindestens Jahrzehnte alt sind.

Natürlich müssen zunächst die Schafe gemolken werden. Bei welchen Schafen das wann geschieht, bestimmen die Hirtenhunde, die das sozusagen riechen. Die Schäfer verlassen sich auf ihre Hunde. Schafe geben grundsätzlich keine großen Mengen Milch: zehn bis zwölf Liter pro 25 Schafe.

Um einen einzigen Käse zu produzieren, braucht man fünf bis sechs Liter. Womit von vorneherein klar ist: keine Massenproduktion.

Die frisch gemolkene Milch wird mit der des Vortages vermischt, wodurch sich der Fermentationsprozeß beschleunigt. Um den Geschmack zu intensivieren, wird der Milch eine auf Mallorca heimische Waldpflanze, genannt »gallura«, hinzugefügt, die zur Familie der Artischocken gehört. Die Pflanze wird zunächst getrocknet und dann für drei Stunden der Milch beigegeben. Wenn die Schäfer ihre Herden auf die Weide führen, halten sie gleichzeitig nach der »gallura« Ausschau.

Um später die Fermentationsflüssigkeit vom eigentlichen Käse zu trennen, benutzt man auf Mallorca die »fogassers«, ein feines Stück Tuch. Darin wird der Käse eingewickelt, dann auf zwei Holzständer, die »cavallets«, gelegt. Zum Schluß wird der Käse noch in eine Presse gegeben, um die letzte Flüssigkeit auszuschöpfen.

Grundsätzlich kennt man auf Mallorca die Sitte des »Käse nach dem Essen« nicht. Käse wird zur *merienda*, zur Zwischenmahlzeit am Vormittag, mit einem *bocadillo* verspeist.

Kleinigkeiten zwischendurch

Das Wort »tapa« bedeutet Deckel. Die ersten bekannten *tapas* waren Brotstücke, mit denen man die Weingläser bedeckte, um die Fliegen fernzuhalten. Heute sind *tapas* Kleinigkeiten für zwischendurch, vor dem Essen, am Vormittag oder am frühen Abend. *Tapas* sind keine mallorquinische Erfindung, aber von der Insel nicht wegzudenken. Bis zu zwanzig Sorten bieten ordentliche Bars, was von kleinen Glasaalen bis zu fritierten Zucchini reichen kann. Die Hochburg der *tapas* in Palma ist der Carrer Apuntadors in der Altstadt »links vom Borne«.

Gastronomie-Importe

In den letzten Jahren haben sich gastronomische Importe zu Küchenhits gemausert. Wobei nicht die Rede sein soll von chinesischen, indischen, deutschen oder gar englischen Küchen-Etablissements. Diese Einflüsse sind ausschließlich auf die Touristen zurückzuführen, werden aber inzwischen auch von Mallorquinern gerne genutzt.

Hier soll die Rede sein von spanischen Festlandsimporten. Im Sommer beispielsweise ißt man *gazpacho*, eine kalte Gemüsesuppe, die aus Sevilla stammt. Die *paella* ist schon fast heimisch auf Mallorca. Auf der Karte fast jeden guten Fischrestaurants ist *peix a la sal* zu finden. Fisch, gefüllt mit Kräutern und in einer dicken Schicht aus Meersalz im Ofen gegart. Diese Zubereitungsart hält den Fisch saftig und leicht.

Im Winter lieben auch Mallorquiner den *cocido Madrileno*, einen Eintopf aus mehreren Gemüse- und Fleischsorten. Alles in allem essen die Mallorquiner heute kalorienbewußter und leichter als noch vor einigen Jahren.

Weshalb denn auch die »Nouvelle Cuisine« auf Mallorca Einzug gehalten hat, wenn auch nur in sehr teueren Etablissements, die die Mallorquiner vornehmlich auf Spesenrechnung aufsuchen: Zu teuer, zu vornehm, zu wenig. An Menge, versteht sich.

Denn es gilt nach wie vor: »Cuina bona es la base de la felicitat. – Gute Küche ist die Grundlage der Glückseligkeit.«

Ein Gläschen vor dem Essen – ein Gläschen nach dem Essen

Ein Glas Sherry, *jerez*, ist bei Mallorca-Chauvinisten verpönt. Wer hierzulande auf sich hält, trinkt vor dem Essen Palo.

Palo, der typische mallorquinische Kräuterlikör, kämpft um seine Einmaligkeit. Die sieben Hersteller, die es auf der Insel gibt, wollten sowohl seinen Namen als auch die Herstellungsmethode geschützt wissen. Dabei gab es ein Problem, das bislang das offizielle Herkunftssiegel, erteilt durch die Europäische Union, verhinderte: Zwei der wichtigsten Zutaten, nämlich Chinarinde und Enzian, stammen nicht aus Mallorca, sondern müssen eingeführt werden. Palo ist also streng genommen kein original mallorquinisches Produkt.

Die Hersteller haben spezielle Rezepturen, nach denen sie alle Ingredienzien mischen – fremde und einheimische. Über die genaue Zusammensetzung vor allem der Kräutermischung geben sie nicht gerne Auskunft. Allerdings haben die Hersteller einen Interessenverband gegründet, um zu verhindern, daß Namen und Herstellungsart des Palo kopiert werden.

Der Palo hat eine lange Geschichte. Ursprünglich war das Getränk, das wir heute als Aperitif kennen, ein Mittel gegen Magenschmerzen. Erst als ihm Alkohol und Zucker beigefügt wurden, wanderte er aus dem Medizinschrank in die Bar.

Übrigens: Daß der Likör aus Johannisbrot gewonnnen werde, wie es in fast allen Reiseführern zu lesen ist, ist ein Märchen. Bei der Herstellung wird lediglich das Holz des Johannisbrotbaumes, des »garrover«, verwendet – zum Heizen des Brennofens.

»Túnel« heißt die Marke Palo, die in der ältesten und größten Destillerie in Bunyola, am Eingang eines der Tunnel der Eisenbahnstrecke von Palma nach Sóller, gebrannt wird. Hier sind die Destillierapparate mehr als 200 Jahre alt. Palo wird inzwischen auch exportiert, sogar nach Deutschland.

Auf die Mischung kommt es auch beim *hierbas* an. Er besteht aus mindestens sieben verschiedenen Kräutern – andere sprechen von 25 Kräutern –, die angeblich nur Eingeweihte in den Bergen finden und im richtigen Maß zusammenstellen können. Wichtigstes Kraut ist vermutlich der Anis, der auf der Insel wirklich noch wild wächst.

Manche schwören darauf, dem *hierbas* Fenchel und das Blatt eines Zitronenbaums zuzusetzen.

Es gibt den Verdauungslikör in zwei verschiedenen Varianten: *hierbas dolces* (süß) und *hierbas seques* (trocken/herb). Kenner trinken *mig i mig* (halb und halb). Natürlich nach dem Essen, oft auf Eis. *Hierbas* ist allerdings allgegenwärtig. Wer schwerer Arbeit nachgeht, wie zum Beispiel Bauarbeiter oder Lastwagenfahrer, gönnt sich schon ein Gläschen zum Frühstück.

Der »Dritte im Bunde« der mallorquinischen Alkoholika ist der Brandy Suau, hergestellt in einer kleinen Bodega in Pont d'Inca – nicht zu verwechseln mit der Stadt Inca. Bodegas Suau gibt es schon seit 1851.

Der Brandy wird in Eichenfässern gelagert, was man bei Suau für unerläßlich hält. Die Produktion erfolgt in mehreren Phasen, das Gebräu wird mit dem jeweils älteren Jahrgang verschnitten, ähnlich wie beim Sherry. Die Ausstattung der Bodega ist altmodisch, abgesehen von einer modernen Abfüllmaschine. Was bei einer jährlichen Produktion von 25 000 Litern nicht verwundert.

Der Firmengründer Joan Suau war Kapitän der spanischen Handelsmarine. Sein Heimathafen war Havanna. Dort gründete er eine Anisschnaps-Brennerei. Als Markenzeichen – damals und heute – wählte er sein Dampfschiff: »El Mallorquin«.

1851 zog es ihn zurück nach Hause, und er verlagerte sein Geschäft nach Palma. Über Generationen wurde die Firma vom Vater auf den Sohn vererbt. Aufgrund wirtschaftlicher Schwierigkeiten wurde die Destillerie 1987 verkauft und gehört heute der Firmengruppe Barcelog. Mallorquiner schwören auf »ihren« Brandy. Besondere Liebhaber haben einen Club gegründet. Jedes Mitglied erwirbt ein Faß von 32 Litern und ist berechtigt, jährlich acht Flaschen »abzuzapfen«. Der Rest ruht und altert.

Bodegas Ferrer

Binissalem und andere Kellereien

Wein gibt es auf Mallorca seit Römerzeiten. Aber was die Herren aus Italien da als Göttergeschenk mitgebracht hatten, war zwar die Rebe, aus der man den Göttertrunk Wein kelterte, aber sie brachten auch ihre grausamen Keltermethoden mit und ihre nicht minder grausame Art, Wein zu trinken.

Das hatten sie von den Griechen gelernt. Und die hatten es noch schlimmer getrieben. Pures Entsetzen würde einen deutschen oder gar französischen Weintrinker ergreifen, müßte er das, was die geistigen Väter des Abendlandes Wein nannten, hinunterschlucken. Rebensaft wurde mit allem möglichen, nicht nur mit Harz vermischt. Und damit man nicht betrunken wurde, taufte man den Wein auch noch mit Wasser.

Als dann die Araber nach Mallorca kamen, etwa 500 Jahre nachdem die Römer abgewirtschaftet hatten, fanden sie trotz der Vandalen, trotz der byzantinischen Gegenoffensive, trotz plündernder Wikinger noch Rebland vor. In Sonderheit die Muskatellertrauben, die sie auch weiter kultivierten.

Nicht, wie wir zugunsten der frommen Muslime annehmen dürfen, um vom süßen Wein zu trinken, denn das hatte der Prophet aufs strengste verboten, wohl aber um getrocknete Trauben als süße Würze für Cous-Cous zu verwenden. Vielleicht aber nahmen sie es auch mit den Verboten nicht so genau. In einem Gedicht von Abu Firas (gestorben im Jahre 967) heißt es:

»O Nacht, deren Genüsse ich nie vergessen werde,
als alle Freuden vereint waren.
Sie war da und ich war bei ihr,
und der Weinschlauch war ein drittes.
Und wir verbrachten die Nacht bis zum Morgen
und gaben einander zu trinken.«

Mit dem Einzug der siegreichen Christen 300 Jahre später wurde Wein und das Weintrinken wieder offiziell gesellschaftsfähig. Böse Zungen überlieferten jedoch, daß ein Tropfen königlich-aragonesischen Weines genügte, um ein Loch in die Tischplatte zu ätzen. Ob sich das im Laufe der Zeit zum Guten geändert hat, ist nicht gewiß.

Gewiß ist, daß es um 1850 etwa 30 000 Hektar Rebfläche auf Mallorca gab. Die Weine, die dabei herauskamen, sind nicht näher bezeichnet. Gut so: Die reichen Großgrundbesitzer versorgten sich mit Weinen aus Burgund oder Bordeaux.

Dann kam die Reblaus und vernichtete bis zum Ende des Jahrhunderts die gesamte Weinanbaufläche der Insel. Man pflügte um und säte auf den besseren Böden Getreide; auf den schlechteren pflanzte man Mandeln an. Lediglich in der Gegend um Binissalem wehrten sich ein paar Weinbauern und unternahmen den Versuch des Neuanbaus von Wein mit kalifornischen Reben.

Das glückte, aber der ehemalige Umfang der Rebkulturen wurde nicht mehr erreicht. Um 1975 gab es etwa 4000 Hektar Anbaufläche, von denen etwa 1500 Hektar auf die »comarca« Binissalem gehören. Dazu gehören die Weinanbaugebiete von Binissalem selbst, von Consell, Santa Maria, Santa Eugenia und Sencelles.

Der Wein, der hier erzeugt wurde, war durchweg ein schwerer Roter mit 12 bis 14, manchmal sogar 15 Prozent Alkohol. Angenehm zu trinken, aber nicht angenehm zu verkraften.

Einheimische tranken wenig davon und mischten, was sie tranken, nach alter Vorfahrenssitte mit Wasser – oder auch mit Limonade. Ein Brauch, der heute noch in vielen ländlichen Kneipen beim »menu del día«, beim Tagesmenü zu günstigen Preisen, üblich ist. Fremde, die in der ersten Urlaubs-Euphorie ganze Krüge leerten, benötigten an nächsten Tag Aspirin und dicke Sonnenbrillen.

So ergab es sich, wenn es auch nicht geplant war, daß anstelle der mallorquinischen Knock-Out-Tropfen die leichteren und besser gekelterten Weine aus Katalonien auf die Getränkekarten kamen. Oder Rioja-Weine.

Mallorquinischen Wein gab es allenfalls als *vino de la casa* in der *jarra,* dem Krug: Hauswein, der oft genug gar kein »Binissalem«, sondern *jumilla* aus der Ecke Valencia-Murcia war, ein Schädelbrecher festländischer Herkunft.

Die hiesige Weinanbaufläche schrumpfte weiter. Weinbauern, die ihre Rebflächen nicht mehr kultivieren wollten, durften das anmelden und bekamen aus Brüssel Subventionen fürs Nichtstun. Logisch, daß es etliche waren, die nichts mehr mit dem Wein zu tun haben wollten.

Heute hat die in der Comarca von Binissalem verbliebene Rebkultur nur noch eine Fläche von 400 Hektar. Das Ende des Mallorca-Weines schien vorprogrammiert.

Doch ein paar Wein-Liebhaber waren damit nicht einverstanden. Sie setzten nicht auf Quantität, sondern auf konkurrenzfähige Qualität. Winzer und Önologen nutzten moderne Technik bei Anbau und beim Keltern und haben es inzwischen fertiggebracht, ein klei-

nes, aber feines Sortiment mallorquinischer Weine auf den Markt zu bringen, die den Vergleich mit den Weinen vom Festland keineswegs zu scheuen brauchen.

Die Firma Bodegas Ferrer, Franja Roja S.A. wurde von José Luis Ferrer im Jahr 1931 gegründet. Wie aus den Büchern der Bodega hervorgeht, hatten sich schon die Großväter väterlicher- und mütterlicherseits, Pedro Ferrer Verd und Bernardino Ramonell dem Weinbau gewidmet, allerdings erst nach dem großen Zusammenbruch der Weinproduktion auf Mallorca gegen Ende des 19. Jahrhunderts.

Der Firmengründer, José Luis Ferrer, hatte in Frankreich Elektronik und Önologie studiert. Doch den Anstoß zur Gründung einer Weinkellerei gab ihm der mallorquinische Weinfachmann Arnest Mestre, der zu jener Zeit Chef der önologischen Kooperative in Felanitx war, ein Mann mit profunden Kenntnissen und viel Vorstellungsvermögen. Er entwickelte die Pläne für den Bau der Bodega, die bis heute die Grundstrukturen der Kellerei bilden. Mit von der Partie war José Julià aus Binissalem. José Luis Ferrer steuerte das Land und die Weinstöcke bei und gemeinsam gründeten sie »Vinícola de Binissalem S.L.«. Die Partnerschaft dauerte rund vier Jahre.

Dann übernahm José Luis Ferrer das gesamte Unternehmen und gründete die jetzige Bodega. Er war einer der ersten auf der Insel, der keinen Wein vom Festland, aus Algerien oder Frankreich kaufte, um ihn seinen Rebsäften beizufügen. Er war von den mallorquinischen Rebsorten überzeugt. Das führte dazu, daß er den Bauern, die Wein anbauten, einen höheren Preis zahlte, als sie ihn von Bodegas auf dem Festland bekamen. Noch heute kauft die Firma Ferrer 60 bis 65 Prozent der verarbeiteten Trauben von mallorquinischen Winzern. Der Rest stammt aus den eigenen Weinbergen.

1979 wurde die Firma als GmbH in Franja Roja S.A. umbenannt, nach einem beliebten Rotwein, den Josè Luis Ferrer aus der Traubensorte Manto Negro produzierte.

Während des Spanischen Bürgerkrieges (1936 bis 1939) kümmerte sich weder auf dem spanischen Festland noch auf Mallorca jemand um enologische Belange, um Trauben, Weinberge oder Qualitätsverbesserung. Die Vertriebssysteme lagen brach, auf dem Festland verkamen die Trauben am Stock.

José Luis Ferrer machte aus der Not eine Tugend und ließ die Weine im Faß altern. Angesichts der hervorragenden Resultate, die er durch die natürliche Kaltfermentierung erreichte, behielt er diese Technik bei, und herauskamen Rotweine der Qualitätsstufen »Crianza«, »Reserva« und Gran Reserva«.

Bis heute lagern die »Crianza«-Weine mindestens ein Jahr im Faß, danach noch einige Zeit in Flaschen, die »Reserva«-Weine haben jeweils zwei Jahre im Faß und 20 Monate Flasche hinter sich, die »Gran Reserva«-Weine vier Jahre Faß und 40 Monate Flasche. Die »Crianza«-Weine sind also mindestens drei Jahre alt, bevor sie in den Verkauf kommen. Reservas und Gran Reservas entsprechend älter. Was im Klartext heißt: Die »Crianza«-Weine des Jahrgangs 1993 sind 1997 auf den Markt gekommen.

Die Flaschen lagern in der Bodega in einem Kellergewölbe im zweiten Untergeschoß, das eine gleichbleibende Temperatur von 18 Grad Celsius hat. Was wichtig ist, um die Qualität zu gewährleisten.

Bis vor kurzem waren es Eichenholzfässer, in denen alle Weine die erste Fermentierungsstufe durchliefen. Inzwischen sind sie durch mit Keramik ausgekleidete Edelstahlfässer ersetzt. Dadurch kann man auch zu diesem Zeitpunkt der Weinproduktion die Temperatur halten, was wiederum der Qualität zugute kommt. Der junge Wein ohne Qualitätsstufe wie der »Tinto de Anada', der »Rosado«, der »Blanc de Blancs« und der Weißwein »Vina Veritas« wird von diesen Fässern direkt in Flaschen abgefüllt, die Qualitätsweine kommen dann in Fässer aus Eichenholz, das aus Frankreich importiert wird.

Alle diese Neuerungen wurden nach und nach von den Brüdern Josè Luis und Sebastiàn Roses eingeführt, die die Kellerei nach dem Tod von Josè Luis Ferrer im Jahr 1982 übernahmen und sie seither zu großem Erfolg führten.

Die Kellerei verfügt über 95 Quarteradas (eine Quarterada sind 7324 Quadratmeter) Weinanbaugebiet, auf denen hauptsächlich auf Mallorca heimische Rebsorten wie Manto Negro für Rotwein und Moll für Weißwein, aber auch neuere Sorten wie Tempranillo oder Cabernet Sauvignon angebaut werden.

Jahr für Jahr umfaßt die Produktion etwa 800 000 Flaschen. Der Exportanteil ist denkbar gering, obwohl seit einigen Jahren die Weine aus Binissalem das Markenzeichen »Denominaciò de Orígen« tragen. Seit dem Jahr 1931 allerdings gehen regelmäßig einige Weinkartons an einen ausgesuchten Weinhändler nach London.

Weinproduktion ist heute keine rein romantische Angelegenheit mehr, sondern auch eine Sache der Technologie. »Am wichtigsten«, so erklärt Pep Sans Llompart, der für die Bodegas Ferrer die Öffentlichkeitsarbeit übernommen hat, »ist das önologische Fachwissen. Und das ist bei Ferrer vorhanden. Dazu kommt die Liebe zum Wein, zu den Weinbergen und zu Mallorca.«

Wein aus Mallorca ist also wieder gesellschaftsfähig geworden. Nicht nur der Wein der Bodega Ferrer, auch andere Winzer wie die Bodega Oliver in Petra oder Jaume Mesquida in Porrerres liefern inzwischen Qualitätswein.

Das berühmteste Weinfest findet Ende September in Binissalem statt. Heute ist es wieder eine Ehre, an der »Festa de Sa Vendimia« teilzunehmen.

Coca Mallorquina

Forn de Sant Miquel

Bäcker, Palma

Wenn Miquel Pujol in der Tür seines Ladens lehnt, ist er der Inbegriff von Wohlbehagen. So stellen sich Kinder einen Bäcker vor, in sich ruhend, rund und zufrieden, großzügig, freigebig. Hier gibt es Süßes aller Art, nach traditionellen Rezepten, nach alter Machart. Seine Spezialität sind *ensaimadas*, jenes für Mallorca typische Frühstücksgebäck, das die Form eines plattgedrückten Turbans hat.

Der 3. Oktober 1996 war ein historisches Datum für die mallorquinische *ensaimada.* Seit diesem Tag darf das Schmalzgebäck (*saim* ist das mallorquinische Wort für Schmalz) offiziell die Herkunftsbezeichnung »Ensaimada de Mallorca« führen. Damit soll, so ein Sprecher des balearischen Landwirtschaftsministeriums, die Mallorca-Ensaimada von ähnlichen Produkten, die beispielsweise in Valencia oder Barcelona hergestellt werden, abgegrenzt werden.

Außerdem will man verhindern, daß »Kopien« anderer Festlandsbäckereien mit dem Zusatz »de Mallorca« verkauft werden.

Die Herkunftsbezeichnung gilt nur für die »normale« oder die mit *cabell de angel*, Kürbismus, gefüllten *ensaimadas*. Alle anderen Abwandlungen der schmackhaften Schnecke dürfen die Herkunftsbezeichnung nicht führen.

Miquel Pujol ist Bäcker und Konditor aus Berufung. Und aus Tradition. Die Bäckerei, die er im Carrer de Sa Pelletería im Stadtteil Sa Calatrava betreibt, heißt Forn de Sant Miquel.

Daß der Name des Besitzers im Firmennamen erscheint, ist auf Mallorca ganz normal. Die Bäckerei selbst, der *forn*, der Ofen, ist nach dem Handwerk der Kürschner benannt, die in diesem Teil von Palma einst zu Hause waren: »Sa Pelletería«. Sa Calatrava ist heute ein verschlafener Stadtteil mit Klöstern, Kirchen und Plätzen, mit wenig Betrieb in den Gassen. Die werden vor allem dann belebt, wenn die Schüler des Priesterseminars Pause haben, wenn die Glocken der Kirche Sant Jeroni, wo eine der ältesten Orgeln der Stadt zu finden ist, oder die von Montesion, des einstigen Sitzes des Jesuitenordens, die Gläubigen zur Messe rufen. Auf der Plaça Sant Jeroni plätschert ein Brunnen, und der Verkehr der Stadt ist für einen Augenblick ganz fern.

Der »Forn de Sa Pelletería« hieß schon zu Zeiten von Miquels Vater und Großvater so. Er kaufte die Bäckerei zu Beginn dieses Jahrhunderts, nachdem sie auch zu jenem Zeitpunkt schon drei Generationen lang von ein und derselben Bäckersfamilie bewirtschaftet wurde. Großvater Pujol war in seiner frühen Jugend nach Argentinien ausgewandert, um Geld zu verdienen. Mit dem Verdienst der Emigration erwarb er den Bäckerladen. Hier wird also seit dem 18. Jahrhundert gebacken.

Miquel Pujol hat seine gesamte Kindheit und Jugend in der Bäckerei im Carrer de Sa Pelletería verbracht, zwischen Mehl und Eier, Hefe und Schweineschmalz. Er ist stolz darauf, heute noch das gleiche Inventar zu haben wie zur Kaufzeit: ein kleines Schaufenster, eine Holztheke, ein paar wackelige Stühle, auf denen seine Kunden dann Platz nehmen, wenn sie nicht nur ein Brot kaufen, sondern ein Zuckerteilchen gleich an Ort und Stelle verspeisen, während sie mit Miquel die Welt erörtern. »Unternehmen wie das meine haben Erinnerungsvermögen. Und Tradition«, sagt er. »Sie sind ein Teil der Stadt, ein Teil der Kultur dieses Volkes.«

Auch die *ensaimada* ist ein Stück Kultur. Miquel Pujol erzählt, daß sie seit dem 17. Jahrhundert in Chroniken verbürgt ist: »Das heißt aber nicht, daß man sie täglich gegessen hat. Das konnten sich die

Leute einst gar nicht leisten. Es gab früher unter den Bäckerleuten ein Sprichwort, das eine bestimmte Kundenschicht beschrieb: Ein kleiner Junge kommt in den Laden und sagt: Meine Mutter läßt fragen, ob Sie mir zwei altbackene Brötchen verkaufen können. Wir zahlen, wenn wir können. – Womit ich nicht sagen möchte, daß die Leute hier früher gehungert hätten. Aber man achtete alle Lebensmittel und hatte Respekt. Auch vor einem altbackenen Brot. *Ensaimadas* gab es einst nur zu hohen Feiertagen, zu Hochzeiten, Kommunionen oder Taufen.«

Miquel Pujol ist Bäcker und Philosoph. Mit sanfter Stimme und geistiger Ausgeglichenheit spricht er über Handel und Wandel. Besonders über Letzteres. Wandel allerdings ficht ihn nicht an.

»Wer Eier, Zucker und Mehl hat, muß nur noch seine Phantasie, seine Vorstellungskraft walten lassen. Ich weiß, daß ich noch lange nicht alle Süßigkeiten dieser Insel kenne. Und was die salzigen Backwaren anbelangt – meine Kenntnis reicht bis zu 350 Variationen.«

Und er spricht begeistert von salzigen *empanadas*, jenen gefüllten Teigküchlein, die vor allem im Herbst und Winter gegessen werden, mal gefüllt mit Fleisch wie Lamm oder Schwein, mal nur mit Gemüse. Miquel Pujol schwärmt von *empanadas* mit frischen Pilzen, zu denen je ein Hauch von Paprikawurst (*sobrasada*) und Blutwurst (*butifarró*) gegeben wird. Oder er spricht von Blätterteig, gefüllt mit frischem Krebsfleisch, hartem Ei und ein wenig Mayonnaise, bedeckt mit gerösteten Mandeln.

Miquel Pujol ist nicht gerade ein schlanker Typ. Man sieht ihm an, was ihm schmeckt. Und er weiß ganz genau um die Feldzüge, die Kalorienbewußte gegen die üppige Verwendung von Öl und Schweineschmalz führen. »Sie sollen nur zu sagen wagen, daß das gesundheitsschädlich ist! Das sind Materialien, die benutzt wurden, seit die Erde sich dreht.«

Miquel Pujol schwört auf mallorquinische Backwaren, hat sein Handwerk von mehreren Meistern gelernt, zum Beispiel von Mestre Toni, der dreißig Jahre lang mit seinem Vater und Großvater gearbeitet hat. Auf die Frage, was er am liebsten mag, sagt er: »Immer das Brot des Landes, der Region, in der ich mich aufhalte. Das dunkle mallorquinische Brot paßt am besten zur hiesigen Küche.«

Miquel Pujol verkauft nur, was er auch selbst herstellt. Hilfe hat er nur beim Verkauf, einen Lehrling, der das Handwerk lernen will, hat er bislang nicht gefunden. Er hofft, daß eines Tages einer seiner Söhne den Laden übernehmen wird.

Ensaimada
Schmalzgebäck

$^1/_2$ l Wasser
450 g Zucker
4 Eier
$1^1/_2$ kg Mehl
60 g Hefe
125 g *masa madre* (eine Art Hefe, die man in Bäckereien bekommt)
50 ml Olivenöl
etwas *mejorante*, ein Stärkemittel

Alle Zutaten mischen, dann den Teig ausrollen und immer wieder ziehen und in Form bringen. Will man eine große *ensaimada* bereiten, die das ganze Backblech ausfüllt, nimmt man etwa die Hälfte des Teiges, plant man kleine Portionsstücke zuzubereiten, sticht jeweils 50–60 Gramm ab und rollt sie zu einem plattgedrückten Turban.

Wenn alles in Form gebracht ist, mindestens 14 Stunden ruhen und fermentieren lassen.

Dann im vorgeheizten Ofen bei 190 Grad 5–10 Minuten backen.

Abend für Abend steht er in der Backstube, um zum Beispiel den Teig für die *ensaimadas* vorzubereiten, der – so wollen es die traditionellen Regeln – zwischen 14 und 24 Stunden gehen muß. »Meine Arbeit ist oft einsam«, sagt er, »aber man gewöhnt sich daran.«

Am Morgen ist er dann gegen fünf Uhr schon wieder auf den Beinen, heizt den alten Holzofen an, mengt den Teig, formt die *ensaimadas,* die *panadas,* die *coques,* belegt sie mit frischem Gemüse. Bald danach kommen dann auch schon die ersten Kunden. Der erste ist meist Pere, der Schuster, der frisches Brot kauft. Dann sprechen die beiden über die Gewinnchancen ihrer Lotterielose oder was so passiert in Sa Calatrava.

»Hier, in diesem Stadtteil bin ich zu Hause.«

Hierher kommen Kunden aus ganz Palma, aus vielen Teilen Mallorcas. Um zu kaufen, was Miquel Pujol gebacken hat. Einer der berühmtesten Kunden ist der Maler Miquel Barcelò, der immer zu seinem Namensvetter kommt, wenn er auf der Insel ist. Oder Frank Tyler, der amerikanische Sammler, der mit Miquel Pujol eine ganze Nacht verbrachte, um die Kunst der *ensaimada* zu studieren.

Kunst gibt es bei Miquel im Hinterstübchen. Bilder von Xim Torrens oder Gerard Matas oder Coll Bardolet, Bilder, die er in den letzten beiden Jahrzehnten gesammelt hat. Kunstvoll ordnet er auch seine Törtchen und weiß genau, was er seiner Liebsten schenken würde: Ein selbstgemachtes Cremetörtchen, denn »das Herz liegt neben dem Magen. Ist der zufrieden, ist es das Herz auch.«

Miquel Pujol hat selbst schon viele Cremetörtchen gegessen.

Coca de verdura

Blechkuchen mit Gemüse

100 g Schweineschmalz
100 ml Olivenöl
200 ml Wasser
500 g Mehl
25 g Hefe
25 g Salz

Alle Zutaten mischen und eine Weile ruhen lassen. Etwa die Hälfte des Teigs ist für ein Backblech ausreichend. Bevor man den Teig auf dem Blech ausrollt, das Blech mit zimmerwarmem Schweineschmalz bestreichen.

Für den Belag sind der Phantasie keine Grenzen gesetzt. Miquel Pujol will deshalb keine konkreten Angaben machen.

Man kann rote Paprikaschoten und Knoblauchzehen in Öl mit Salz und Pfeffer anbraten und die *coca* damit belegen.

Andere bevorzugen kurz geschmorten Mangold, mit ein paar Erbsen und frischen, kurz gebratenen Sardinen.

Bei mittlerer Hitze etwa 20 Minuten im vorgeheizten Ofen backen. Man kann die *coca* kalt oder warm servieren.

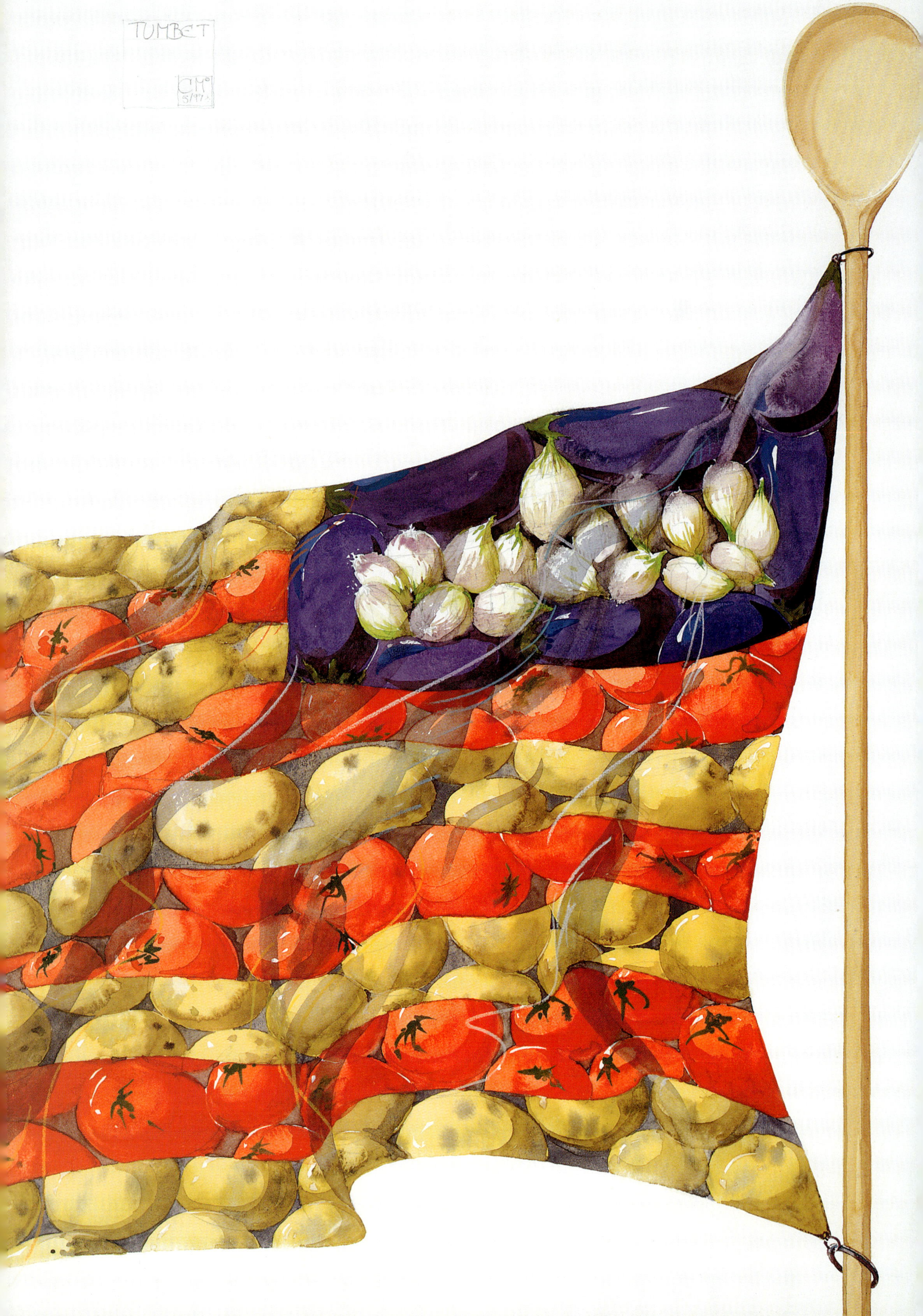
TUMBET
CM
5/97

Celler Sa Premsa

Palma

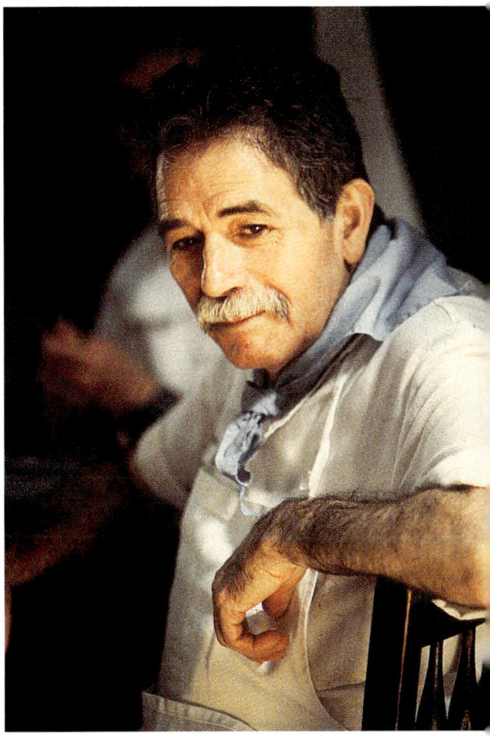

Das Restaurant »Celler Sa Premsa« an der Plaça Obispo Berenguer de Palou in Palma gehört mit Sicherheit zu den Einrichtungen, ohne die man sich die Stadt nicht mehr vorstellen kann. Seit mehr als 30 Jahren wird das Restaurant von der Familie Mayol geführt.

Llorenc Mayol ist auf diese Tatsache mehr als stolz: »Wir gehören zu Palma wie die Kathedrale.«

Die Großeltern der heutigen Besitzer, Llorenç und Bartomeu Mayol, kamen vor etwa 40 Jahren aus Sóller nach Palma. Damals, mit Beginn des Tourismus, zog es viele in die Stadt. Mehr aber noch zog es an die Küste, wo man als Kellner, als Zimmermädchen, in den Hotelküchen einfacher Geld verdienen konnte als in den traditionellen Handwerksberufen oder in der Landwirtschaft.

Die Mayols gingen also nach Palma. Eines Tages entdeckten sie an der Plaza Berenguer de Palou, die heute wegen des dortigen Rollschuhplatzes auch oft »Plaça de ses Patines« genannt wird, eine riesige Garage. Sie kauften das Gemäuer und beschlossen, dort ein Restaurant zu etablieren. Das war am 13. Mai 1958.

So begann es, und so ist es bis heute geblieben. Das neue Restaurant wurde im Stil der auf der Insel heimischen »Cellers«, der Weinlager und Bodegas, ausgestattet. Derartige Cellers fand man bis dahin nur auf dem Lande oder in Inca. Wichtigstes Attribut eines Cellers: riesige alte mallorquinische Weinfässer.

Die Familie suchte und hatte Glück. Sie bekam die Fässer geschenkt, weil die mallorquinischen Weinbauern zu dieser Zeit solche Fässer gegen modernere Exemplare austauschten. Achtzehn Stück insgesamt stellten sie in ihrem Restaurant auf. Diese Fässer stehen heute noch.

Überhaupt sieht das Restaurant noch so aus wie damals. Was Absicht ist. Es gibt eine Weinpresse, die mit dicken Kürbissen dekoriert ist. Kürbisse hängen auch von der Decke, leicht verblichen und verstaubt. Verstaubt sind auch die alten Stierkampfplakate an den Wänden, die von der »afición« des Gründers zeugen. Er liebte die »Corrida«, versäumte keinen Kampf im »Coliseo Balear«, das in jenen Zeiten oft gute Kämpfe mit renommierten Toreros zeigte. Der Steinfußboden wurde im Laufe der Jahre glänzend abgelatscht, die Neonröhren sind der Schönheit nicht förderlich. Herrscht in Sa Premsa Hochbetrieb, hat das Ganze eine Atmosphäre von Hofbräuhaus, mit blanken Holztischen und langen Bänken.

Tumbet
Gemischtes Gemüse

2–3 Zucchini
3 große oder 4 kleine Auberginen
4 grüne Paprikaschoten, bevorzugt die mallorquinische Sorte, klein und schärfer als andere
8 große Kartoffeln
Olivenöl
mehrere Knoblauchzehen
Salz und Pfeffer
ca. 1 kg Tomaten für die Sauce

Für die Sauce Tomaten schälen, von den Kernen befreien und klein hacken. Einen Teil des Knoblauchs in Öl kurz anbraten, die Tomaten hinzufügen und auf kleiner Flamme köcheln lassen. Mit Salz und Pfeffer abschmecken. Eventuell etwas Oregano hinzugeben.

Auberginen und Zucchini in Scheiben schneiden, einritzen und mit Salz bestreuen. Nach 30 Minuten waschen.

Die Paprikaschoten in Stücke schneiden. Kartoffeln schälen und in Scheiben schneiden.

Vor dem eigentlichen Kochvorgang müssen alle Gemüse getrocknet werden.

Die Kartoffelscheiben in reichlich Olivenöl braten, bis sie halb gar sind. Gut abtropfen lassen und in einer flachen Tonschüssel ausbreiten.

Danach Zucchini und Auberginen kurz im verbliebenen Öl braten, ebenfalls abtropfen lassen und in Schichten auf die Kartoffeln geben.

Das einzige, was im Laufe der Zeit renoviert und modernisiert wurde, ist die Küche. Ansonsten blieb alles beim alten. Auch das Personal, insgesamt 27 Köche und Kellner, wechseln selten. Stammkunden kennen die Gesichter seit Jahren.

Und das Publikum? Hat das im Laufe der Zeit gewechselt? Eigentlich kamen schon immer alle Arten von Gästen. Die Honoratioren der Insel genauso wie Leute mit kleinem Geldbeutel. Mallorquiner, Spanier und Ausländer. Vermutlich kennt man Sa Premsa inzwischen in vielen Teilen der Welt. Es gab schon Touristen, die kamen mit Empfehlungen aus den USA, aus Argentinien und Deutschland.

Die Paprikaschoten mit dem restlichen Knoblauch braten und auf die vorhandene Mischung geben. Die heiße Tomatensauce darübergießen und das Ganze im vorgeheizten Ofen bei mittlerer Hitze höchstens 10 Minuten schmoren.

Dazu serviert man Lamm, Schwein oder Fisch, alles kurz gebraten.

Sie kommen mit ausländischen Zeitungen, in denen über Sa Premsa geschrieben wurde.

Vor etlichen Jahren war Sa Premsa einer der Stopps bei Ausflügen »Palma bei Nacht«. Für zwölf Pesetas servierte man den Urlaubern, die per Bus angekarrt wurden, Sekt und Oliven. Viele kamen später zum Essen wieder, für viele war ein solcher Stopp der erste Kontakt mit einem mallorquinischen Restaurant.

Sie stören sich nicht gegenseitig, denn Fremde und Mallorquiner essen zu verschiedenen Zeiten, die Fremden zur frühen Stunde,

Lomo amb col
Kohlroulade

150 g Schweinelende pro Person
1 kg Wirsingkohl
ca. 100 g Schweineschmalz
1 großes Glas Weißwein
1 große Zwiebel
4–6 Knoblauchzehen
etwas geräucherter Schweinespeck
2 Tomaten
Salz, Pfeffer, Thymian und Majoran
50 g Pinienkerne
100 g Rosinen
200 g *butifarró*, (Blutwurst)

Die Blätter des Wirsing blanchieren und danach gründlich trocknen. Die in Stücke geschnittene Schweinelende salzen und pfeffern, in Schmalz anbraten und beiseite stellen.

In einer Kasserolle Schweineschmalz erhitzen und die Tomaten, die Knoblauchzehen, die Zwiebel und den Speck anbraten und mit dem Weißwein ablöschen. Mit den Gewürzen und den Kräutern abschmecken.

Die Fleischstücke in den Kohlblättern einwickeln – je nach Größe 1–2 Blätter –, und in eine flache Tonschale nebeneinander legen. Die Sauce darübergießen, Pinienkerne, Rosinen und die in kleine Stücke geschnittene Wurst hinzufügen.

Im vorgeheizten Backofen bei mittlerer Hitze gut 30 Minuten garen. Das Gericht schmeckt besonders gut, wenn es danach eine Weile steht und vor dem Servieren nur noch kurz heiß gemacht wird.

mittags gegen 13 Uhr, abends gegen 19.30 Uhr. Mallorquiner kommen zwei Stunden später. So können die Brüder Mayol meist jeden Tisch zwei Mal besetzen, was in anderen mallorquinischen Restaurants als Unding gilt.

Mallorquinische Küche und gleichbleibender Service als Werbefaktor: Die Mühe hat sich gelohnt. An der Wand prangt das Diplom »Placa al merito turistico – Für Verdienst um den Tourismus«.

Llorenç Mayol weiß, daß besonders in den reinen Touristengebieten der Insel mit der sogenannten typisch mallorquinischen Küche viel Schindluder getrieben wird.

»Es wird immer schwieriger, gut, d.h. für mich echt und authentisch, essen zu gehen. Meine Freunde kommen deshalb am liebsten zu mir. Dabei haben wir nicht einmal besondere Küchengeheimnisse. Wir liefern ehrliche Ware gegen ehrliche Preise, wir bieten ehrlichen Service.«

Seit einigen Jahren hat Sa Premsa – wie die meisten anderen Restaurants in Palma auch – am Sonntag geschlossen. Früher gab es keinen Ruhetag. Und immer stehen mittags und abends Gäste herum, die auf einen der 250 Plätze warten. Sie alle wollen eines der typisch mallorquinischen Gerichte essen, auf die Sa Premsa spezialisiert ist.

Am häufigsten wird *porcella* (Spanferkel) verlangt, gefolgt von *tumbet,* einem Eintopf aus frischem Gemüse, oder *sopas mallorquinas*, *frit mallorquí,* Eintopf aus Innereien und Kartoffeln, gewürzt mit Fenchel und Rosinen, *lomo con col,* eine Art Kohlroulade, gefüllt mit Schweinefleisch und gewürzt mit Blutwurst, Rosinen und Pinienkernen. Zum Schluß vielleicht Mandelkuchen mit Eis oder *greixonera de brossat*, eine Art Käsekuchen, oder Brotpudding.

Außerordentlich beliebt ist auch die *paella,* auch wenn das Gericht eigentlich gar nicht nach Mallorca gehört, sondern ursprünglich in der Provinz Valencia zu Hause ist.

»Die *paella* war jahrelang unser Standardgericht«, sagt Llorenç Mayol. »Mein Vater pflegte sie zu Beginn fast jeden Tag zu bereiten und verlangte pro Portion 7 Pesetas. Obendrein legte er für jeden Gast noch ein Scheibchen von der Languste darauf. Spanferkel kostete damals 30 Pesetas, *frit mallorquí* 18 Pesetas.« – An die Preise aus solcher Zeit kann man sich nur noch mit Wehmut erinnern.

Dennoch – jeden Freitag und Samstag wird in Sa Premsa eine riesige Pfanne *paella* bereitet, die man – wie es früher üblich war – als Vorspeise serviert: simpel, einfach, ohne Schnickschnack, aber mit einem hinreißenden Fond und ordentlichen Zutaten bereitet. Der Preis liegt für eine – wenn auch kleine Portion – bei 350 Pesetas.

Ansonsten kann man die *paella* natürlich auch als Hauptgericht bestellen.

Oder man wählt die nur auf Mallorca heimische Variante *paella de fideus*, die statt mit Reis mit Nudeln zubereitet wird. Italien gewohnte Esser könnten damit einige Schwierigkeiten haben, die Nudeln sind niemals »al dente«. Die sonst in der mallorquinischen Küche üblichen langen Garzeiten kommen auch hier zum Tragen.

Für Leute mit sehr großem Hunger sei die im Ofen geschmorte Lammkeule *espatlla de xot rostida* empfohlen, für Leute mit kleinem Geldbeutel das *estofat de vedella*, ein Gericht, das nur Optimisten mit den berühmten »Boeuf bourgignon« in Verbindung bringen können, obwohl es Ähnlichkeiten aufweist, hier aber weitaus einfacher, wenn auch nicht weniger schmackhaft ist. Wie denn alles im Sa Premsa einfach schmeckt. Eben ehrliche Ware, ehrliche Preise, ehrlicher Service.

CM
7/97

"GAMBAS Á LA SEU"

Casa Eduardo

im Hafen von Palma

Die durchschnittliche Lebensdauer eines Restaurants auf Mallorca beträgt knapp drei Jahre. Was zeigt, daß manche Etablissements maximal eine Saison durchhalten. In den meisten Fällen ist es nicht schade darum. Andere Restaurants wiederum können längst auf Tradition, auf Stammkunden und auf gleichbleibende Qualität bauen. Wie beispielsweise die Casa Eduardo am Fischereihafen von Palma. Das vornehmlich auf Fisch spezialisierte Restaurant ist seit über 50 Jahren im Besitz der Familie Carrasco und wird zur Zeit von der Tochter des Gründers, Antonia Carrasco, und dessen Enkel, Eduardo Carrasco, geleitet.

Zunächst war die Casa Eduardo nur eine kleine Baracke an der Mündung des Kanals Sa Riera, der am Passeig Mallorca die Stadt teilt. Doch bald schon wurde die neue Fischereibörse, die »Llonja des Peix« gebaut. Der Architekt reservierte der Familie Carrasco

den ersten Stock, man hatte schließlich Beziehungen. Das Restaurant ist heute noch am gleichen Platz – wenn es auch inzwischen um eine überdachte Terrasse erweitert wurde. Aber immer noch hat man vom Speiseraum des Restaurants den schönsten Blick auf den Fischereihafen mit Booten und Netzen, auf die Kathedrale und den Almudaina-Palast, auf den alten Stadtkern von Palma. Ein Blick, der nostalgisch stimmt.

Zu Beginn öffnete die Casa Eduardo um fünf Uhr morgens, um den Fischern ein Frühstück anzubieten, und war so praktisch 24 Stunden dienstbereit. Spezialitäten waren zunächst Reiseintöpfe mit Meeresfrüchten, Fischsuppen, Langusten mit Zwiebeln gebraten – heute eine seltene Spezialität der Insel, weil Langusten inzwischen unerschwinglich teuer geworden sind. Und natürlich alle frischen Fische, die sozusagen ein Stockwerk tiefer angelandet wurden.

Damals war das Angebot auch in balearischen Gewässern noch reichlich. In der Folgezeit wurde daher die Speisekarte erweitert, die Geschmäcker änderten sich, doch im Prinzip blieb alles beim alten.

Neben den Fischern und den Bürgern von Palma kam nach und nach auch die Prominenz ins Haus: König Juan Carlos speiste hier schon regelmäßig mit seiner Familie, noch lange bevor er die Königswürde übernahm. Es macht die Familie Carrasco stolz, daß die Töchter des Königs inzwischen auch mit ihren Ehemännern kommen und sich wie zu Hause fühlen.

Auch kamen die Schriftsteller Camilo José Cela, Miguel Angel Asturias, Gabriel García Márques, der Sänger Julio Iglesias, die Schauspieler Lex Barker und Errol Flynn und eine große Zahl mallorquinischer Politiker. An den Wänden hängen die entsprechenden Erinnerungsfotos – oft mit Widmung –, die täglich liebevoll abgestaubt werden.

Inzwischen kommen natürlich auch viele Urlauber, die die Casa Eduardo schon in den fünfziger und sechziger Jahren als Geheimtip handelten. Viele Gäste sind dem Restaurant seit Jahren treu.

Sepia amb ceba

Tintenfisch mit Zwiebeln

1500 g Sepia (Tintenfisch)
500 g geschälte und gehackte Tomaten
2 kg Zwiebeln
1 Bund Petersilie
1 Knoblauchknolle
2 Lorbeerblätter
300 ml Olivenöl
1 Glas Brandy
50 g Rosinen
25 g Pinienkerne
Salz und Pfeffer

Den Tintenfisch von der Tintenblase befreien, sehr gründlich waschen und in fingerlange Stücke schneiden.

Zwiebeln, Petersilie und Knoblauch kleinschneiden und in einer flachen Tonschale die Hälfte der Mischung auf kleiner Flamme goldbraun braten. Tomaten und Lorbeerblätter hinzufügen und mit Salz und Pfeffer abschmecken.

In einer Pfanne die zweite Hälfte der Mischung anbraten. Tintenfisch hinzufügen und einige Minuten bei stärkerer Hitze garen. Mit dem Brandy ablöschen und die Mischung aus der Tonschale beigeben.

Rosinen und Pinienkerne hinzufügen und auf kleiner Flamme 30 Minuten garen.

Mero a la mallorquina
Zackenbarsch auf mallorquinische Art

Für 6 Personen

6 Scheiben Zackenbarsch à 250 g
1 kg Zwiebeln
½ kg reife Tomaten
1 Bund frische Petersilie
1 Knoblauchknolle
1½ kg Kartoffeln
1 Glas Weißwein
½ l Olivenöl
50 g Rosinen
20 g Pinienkerne
Salz und Pfeffer

Zwiebeln, Knoblauch, Petersilie und Tomaten fein hacken und in wenig Olivenöl auf kleiner Flamme anbraten. In einer großen, flachen Tonschüssel Öl erhitzen und die Fischscheiben goldbraun braten, herausnehmen und beiseite stellen. Danach in demselben Öl die Zwiebel-Knoblauch-Mischung, Tomaten und Petersilie dünsten.

Danach die in Scheiben geschnittenen Kartoffeln auf das gedünstete Gemüse schichten, die Fischscheiben hinzufügen und mit dem Wein ablöschen. Zum Schluß Rosinen und Pinienkerne hinzufügen. 25 Minuten bei mäßiger Hitze im Ofen garen.

Wie auch das Personal: Die meisten Kellner sind seit einem guten Vierteljahrhundert im Dienste der Familie Carrasco. Und sie bieten nicht nur klassischen Service, sondern können auch jede Menge Geschichten erzählen. Wie es war, damals, als die Kinder des Königs noch klein waren, als die Urlauber Hummerkrabben noch für etwas Besonderes hielten, als einige ihrer jetzigen Stammkunden noch mit den Großeltern kamen, vor allem gegen Ende des Schuljahres, als Belohnung für gute Noten. Sie erzählen Geschichten von den Zeiten, als alles noch viel ruhiger zuging. Obwohl sie sich bis heute nicht aus der Ruhe bringen lassen, auch wenn der Betrieb noch so hektisch ist.

Einen Chefkoch gibt es zur Zeit nicht. Der bisherige Küchenchef wurde kürzlich nach fast 30jähriger Tätigkeit pensioniert. Wem aus der jetzigen Küchengarde also soll man die Ehre übertragen? Dazu braucht Antonia Carrasco Bedenkzeit.

Jeden Morgen nach dem täglichen Einkauf sitzt sie an einem der Tische des Restaurants, auf dem Schoß ihre weiße Pudelhündin mit Namen Reina, »Königin«, und führt Buchhaltung, empfängt Lieferanten und Vertreter, gibt zwischendurch kurze, knappe Anweisungen, während in der Küche schon die Vorbereitungen in vollem Gange sind. Dabei gibt sie sich weitaus königlicher als der Hund. Währenddessen polieren die Kellner die Gläser, decken die Tische, füllen die Weinregale auf. An der Bar im Korridor bestellen Fischer oder Werftarbeiter einen Café, meist veredelt mit einem Schuß »Amazonas«, einem extrem starken Rum.

Den Fisch, Hauptbestandteil der Speisekarte, kauft Antonia Carrasco direkt bei den Fischern, wenn auch inzwischen einige Sorten, wie beispielsweise die *dorada*, die Goldbrasse, aus Zuchten in der Nähe von Alcùdia kommen. Gemüse und sonstige Zutaten kommen vom Großmarkt Mercapalma.

Für viele der Fische bietet die Casa Eduardo gleich mehrere Zubereitungsarten an. *Dorada* (Goldbrasse) gibt es *a la plancha* (vom Grill) oder *a la espalda* (mit Gemüse im Ofen gegart), *rape* (Seeteufel) ebenfalls *a la plancha* oder mit einer sanften Sauce mit Schalentieren (*rap amb salsa de marisc*). So wird zum Beispiel auch die *serviola*, ein weißer, im Geschmack sanfter Mittelmeerfisch, zubereitet.

Die wichtigsten Spezialitäten des Hauses gibt es auf rein mallorquinische Zubereitungsarten: *sepia amb ceba* (Tintenfisch mit Zwiebeln) oder *mero a la mallorquina* (Zackenbarsch aus dem Ofen auf einem würzigen Kartoffelbett).

Die wenigen Fleischgerichte der Speisekarten haben reine Alibifunktion.

Casa Eduardo

Ansonsten muß man Don Eduardo Carrasco selbst fragen, was die Küche jeweils zu bieten hat. Mal empfiehlt er *calamars farcits*, mit Fleisch gefüllte Tintenfische, mal *gall frit amb ceba*, Petersfisch mit knusprigen Zwiebelringen. Er ist immer, aber auch wirklich immer im Restaurant zu finden, er kennt offenbar (fast) jeden Gast, erinnert sich an Vorlieben und Abneigung, steht mit Rat und Tat zur Seite. Und er ist von umwerfender Gastfreundschaft. Bei ihm fühlt man sich mehr als willkommen.

Er beweist, was Antonia Carrasco am Morgen verkündet hat: »Wir sind hier eine richtige Familie, wir mögen uns, aber wir haben manchmal auch Streit. Das muß so sein.«

Wenn auch der Fischereihafen aufgrund moderner Technik viel von seinem einstigen Charme verloren hat, ist es immer noch der richtige Entschluß, wenn es heißt: »Gehen wir Fisch essen im Hafen.« Dann steigt man die Stiege hinauf in den ersten Stock und hat in der Nase den Duft von Meer und Weite und – den Duft von Fisch. Frischem Fisch natürlich.

ENSAIMADAS:
DIE HAUCHZARTEN SPI RALEN DER EVOLUTION IM BREITGEFÄCHERTEN ANGEBOT DER SÜSSEN VERFÜHRUNGEN: SCHMALZGEBACKENES AUS HEFE-BLÄTTER-TEIG KRINGELT SICH ZU FINGERFOOD A LA MALLORQUINA…
Ensaimadas
DE MALLORCA®
PRODUCT OF SPAIN
CM°
2/97 *

Can Joan de S'Aigo

Palma

Coca Cola, Fanta, Schweppes, Tonic Water: Erfrischungen gibt es heutzutage in jeder Form und Farbe. Millionen und Abermillionen werden jedes Jahr in der ganzen Welt verkauft. Wer mag da noch schlicht und einfach ein Glas Wasser?

Das war nicht immer so. Im Jahr 1700 erkannte der Mallorquiner Joan Martorell, genannt »Joan de S'Aigo – Juan del Agua« (was man mit Wasserhannes übersetzen könnte), die Möglichkeit, mit Wasser einen blühenden Handel aufzuziehen. Er benutzte dazu das, was es auf Mallorca sowieso gab, und zwar gratis: Schnee von den Hängen des Tramuntana-Gebirges.

Schnee fällt auf Mallorca selten. So selten, daß Märchen beginnen mit: Lange bevor es auf Mallorca schneite… Wenn Schnee fällt, hält sich das Weiß nur in Höhenlagen ab 900 Meter. Dann allerdings werden auf der Insel sofort die Straßen gesperrt, bis das einzige Räumfahrzeug, das es auf der Insel gibt, im Einsatz war. Nun machen sich Hunderte von Mallorquinern, Lehrer mit ihren Schülern, Familien und Cliquen auf ins Gebirge. Einmal den Schnee anfassen, einmal Schneebälle formen, einmal einen Schneemann bauen …

In Wanderbeschreibungen ist immer wieder von den sogenannten Schneehäusern, den »cases de sa neu« die Rede, die man in den Bergen hin und wieder sehen kann. Das sind tiefe Gruben in der Erde, die mit einem Dach aus Natursteinen bedeckt sind. In früheren Jahren wurde dort in den Wintermonaten der Schnee aufbewahrt.

Mit Schneesammeln konnte man auf Mallorca gutes Geld verdienen. Für die Mönche des Kartäuserklosters zu Valldemossa beispielsweise war das Sammeln und Aufbewahren von Schnee eine gesunde Einnahmequelle. Denn Schnee wurde bis in den Sommer hinein verkauft. Man nutzte ihn zu Erfrischungen oder wandte ihn nach ärztlichem Rezept im Krankheitsfalle an. Die Kartäusermönche hatten bald ihr eigenes Schneehaus an den Hängen des Puig de Teix. Berufsschneesammler, die »Nevaters«, arbeiteten gegen Lohn bei den Mönchen. Somit hatten die frommen Brüder meist von Ostern bis Allerheiligen gekühltes Wasser. Der Überschuß wurde verkauft. Ein Blick in deren Buchführung im 18. Jahrhundert zeigt, welchen Profit man mit diesem Erwerbszweig machen konnte. Da spricht man von 247 Pfund Kosten gegen 1030 Pfund Erlös aus dem Schneeverkauf.

Erfolg macht neidisch, immer und zu allen Zeiten. Es kam zu Protesten seitens der Bevölkerung, seitens anderer Geschäftsleute. Es kam zum Verbot: »…, daß der übriggebliebene Schnee in der Stadt weiterverkauft werden dürfe, da das Geschäft den Weltlichen vorbehalten sei.« Das Dekret nutzte wenig, der Verkauf ging weiter.

Auch der »Wasserhannes« schickte im Winter 20 bis 30 Mann in die Berge. Sie suchten natürliche Gruben und Felsspalten und bauten ihre Schneehäuser, die als Depot für den Schnee dienten, der sich dann im Laufe von Wochen und Monaten zu einem Eisblock, dem »pan de neu«, verfestigte.

Joans Geschäft blühte: Die Natur lieferte kostenfrei. Juan ließ den Schnee sammeln und einlagern und verkaufte ihn im Sommer, wenn Erfrischungen besonders gefragt waren. Seine Erfrischungen waren en mode. Wie auch nicht, denn er servierte nicht nur einfach Wasser, er fügte pro Glas ein Scheibchen Zitrone, Erdbeere oder Aprikose hinzu. Das sah nicht nur hübsch aus, das gab auch einen ganz besonderen Geschmack.

Seine Männer waren das ganze Jahr über beschäftigt. Im Winter sammelten und lagerten sie, im Sommer brachten sie mit Eseln das Eis in die Stadt. Bald blühte das Geschäft so, daß der Wasserhannes auch die Dörfer belieferte: Santa Maria, Santa Margalida, Felanitx, überall auf der Insel waren die Menschen an »Eiswürfeln« interessiert. Damals wie heute.

Seit der Mitte des vergangenen Jahrhunderts bot man auch Speiseeis, dazu heiße Schokolade, an, immer in Verbindung mit frischen *ensaimadas,* die auch heute noch im hauseigenen Holzofen gebacken werden.

Im Laufe der Jahre mauserte sich Can Joan de S'Aigo zum Treffpunkt für die Frauen der guten Gesellschaft in Palma. Ein Barbesuch war nicht gerne gesehen, der war den Männern vorbehalten. So gingen die Frauen nach einem Einkaufsbummel in die Schokola-

Gató d' ametles
Mandelkuchen

500 g geschälte Mandeln
500 g Zucker
12 Eier
Zimt
geraspelte Zitronenschale

Die Mandeln mahlen, nicht zu grob, nicht zu fein. 6 Eier und den Zucker hinzugeben und die Masse langsam und ausdauernd schlagen.

Danach die restlichen Eier unter ständigem Schlagen hinzufügen. Die Masse so lange bearbeiten, bis sie zähflüssig bis steif ist.

Eine Kuchenform von 30 Zentimeter Durchmesser gleichmäßig einfetten, die Teigmasse einfüllen und im vorgeheizten Ofen bei etwa 190 Grad 25–40 Minuten backen.

Die unterschiedliche Garzeit erklärt sich aus unterschiedlichen Vorlieben. Manche lieben den *gató* nur leicht ockerfarben, andere dunkelbraun. Nach dem Backen den Kuchen abkühlen lassen und mit Puderzucker bestreuen.

Viele Mallorquiner trinken zum Mandelkuchen ein Glas halbsüßen Sekt.

denstube. Und das tun sie heute noch. Allerdings sieht man längst auch Männer in der Schokoladenstube. Zu Feiertagen, besonders zu Weihnachten, zu Neujahr und zu Fronleichnam kommen ganze Familien. So ist es Sitte, am Heiligen Abend nach dem Besuch der Mitternachtsmesse bei Can Joan de S'Aigo zu heißer Schokolade und frischen *ensaimadas* einzukehren.

Can Joan de S'Aigo liegt im Herzen der Altstadt, im Carrer Sans, einem schmalen Gäßchen, das durch die Schokoladenstube ebenso berühmt wurde, wie durch das Zimmertheater »Teatre Sans«, das an drei Tagen der Woche avantgardistische Stücke in katalanischer Sprache bringt.

In der »Xocolatería« selbst hat sich in den letzten Jahrhunderten viel verändert, aber einiges ist erhalten geblieben, wie die pompösen Glaslüster, die von der mallorquinischen Glasbläserei Gordiola hergestellt wurden, oder das Keramikmosaik aus dem 19. Jahrhundert, ein kunsthandwerkliches Erzeugnis der Firma »La Roqueta«. Darauf ist Joan Martorell besonders stolz, denn die Firma gibt es nicht mehr. An den Wänden hängen viele bunte Mallorca-Ansichten, die mit Sicherheit keinen Platz im Lexikon der Kunst finden.

Der Raum wirkt gemütlich durch Bistrotische und Stühle, deren Hersteller seine Einfälle bei Thonet abgeguckt hat. In Vitrinen locken süße und salzige Köstlichkeiten: Teigtaschen mit Gemüse und Marmelade, Biskuitteilchen, die leicht sind wie eine Flaumfeder, *ensaimadas,* gefüllt mit Vanillecreme oder Kürbismus. In dicken Gläsern gibt es bunte Bonbons, auf altmodischen Etageren schwere Sahnetorten.

Gelat d'ametles
Mandeleis

100 g gemahlene Mandeln
200 g Zucker
1 Messerspitze gemahlener Zimt
einige Spritzer Zitrone
1 l Wasser

Die Zutaten gründlich mischen und einige Stunden ins Gefrierfach stellen. Die gleiche Mischung, außer den Mandeln, kann man auch für alle Sorten von Fruchteis verwenden. Die Früchte müssen dann gründlich püriert werden.

Xocolata caliente
Heiße Schokolade

200 g schwarze Kuvertüre
125 g Zucker
$^1/_2$ l Milch
$^1/_2$ l Wasser

Alle Zutaten zusammen in einen Topf geben und auf sehr kleiner Flamme unter ständigem Rühren erhitzen. Sollte die Mischung wider Erwarten zu dünnflüssig sein, maximal 1 Teelöffel Maizena hinzufügen.

Mindestens 1300 *ensaimadas* verkauft Joan Martorell heute täglich. Wieviel heiße Schokolade, wieviel Eis – besonders begehrt ist das Mandel-Eis – weiß er nicht. Für ihn ist wichtig, daß in seiner Backstube, in seinen Eismaschinen nur natürliche Zutaten verwendet werden. Die alte Mühle, in der einst die Mandeln gemahlen wurden, hütet er heute wie einen Schatz.

»Ich möchte keine Fabrik haben«, betont er immer wieder. Seine Kunden, Mallorquiner, Urlauber und viele Prominente, unter ihnen die königliche Familie, danken es ihm.

25
ABRIL
CARACOLES:
DER TAG, AN DEM DIE RHEUMA-KRANKEN
WIEDER LAUFEN LERNTEN...

Mesón Ca'n Pedro

Génova

Am schönsten ist der Blick vom Hügel der Na Burguesa in den frühen Abendstunden, wenn in der Dämmerung das Licht von hellem Gelb über sanftes Rosa und Rot bis zu einem kräftigen Violett und Grau wechselt.

Hier oben liegt einem nicht nur das Dorf Génova zu Füßen, sondern auch Palma sowie die ganze Bucht bis hin nach Cala Blava und bei klarem Wetter bis nach Cap Blanc. Schaut man nach Südwesten, sieht man die Sommerresidenz der spanischen Könige, den Marivent-Palast, und die Ferienorte, die zwischen Illetes und Magaluf liegen.

Doch die wenigsten Besucher fahren des Blickes wegen nach Génova. Sie kommen, um zu essen. Denn außer den Tropfsteinhöhlen, den »Coves de Génova«, hat das Dorf wenig zu bieten. Die Höhlen wurden im Jahr 1906 per Zufall bei Bauarbeiten entdeckt, lagen danach eine Weile brach, bis sie in den Jahren zwischen 1932 und 1936 von Natascha Rambova de Urzaiz, der damals schon geschiedenen Ehefrau von Rudolfo Valentino, ausgebaut, beleuchtet und »bewohnbar« gemacht wurden. Es hält sich hartnäckig die Legende, daß Natascha in den Höhlen wahre Orgien gefeiert haben soll. Eine Legende, deren Beweis allerdings noch niemand angetreten hat.

Aber wenn's denn nicht wahr ist, ist's wenigstens hübsch erfunden. Immerhin hat Natascha jahrelang auf Mallorca für Schlagzeilen gesorgt. Und das mehr als andere, ebenfalls illustre Nachbarn, wie zum Beispiel der Komponist Manuel da Falla, die Schauspielerin nen Anita Ekberg und Elke Sommer, von der kürzlich in einem Privathaus ein Wandfresko von eigener Hand entdeckt wurde, gezeichnet »Elke Sommer – Mai 1970«. Auch diese Entdeckung kam per Zufall zutage. Wer weiß, was in Génova noch im verborgenen schlummert.

Wie gesagt, jetzige Besucher kommen, um zu essen, denn im Dorf reiht sich Kneipe an Kneipe: Die Auswahl ist groß. Alle haben mehr oder weniger das gleiche Konzept: mallorquinische Küche, urig, deftig, typisch.

Etwa zwanzig Restaurants dieser Art gibt es in Génova, mutmaßt Pedro Esteban Romero, der sein Mesón Ca'n Pedro gemeinsam mit seiner Ehefrau Ana Maria Romera vor 21 Jahren gründete. Den Anfang der »Freß-Tradition« im Dorf machte ein Einwanderer aus der Extremadura, der zehn Jahre zuvor die beiden Kneipen Casa

Aioli
Knoblauchmayonnaise

2 Eigelb
4 Knoblauchzehen
2 Tassen Olivenöl
etwas Salz

Die geschälten Knoblauchzehen gründlich im Mörser zerstampfen – man benutzt auf Mallorca niemals eine Knoblauchpresse. Das Salz einrühren. Das geschlagene Eigelb hineingeben und danach langsam unter ständigem Rühren das Öl einträufeln lassen. Es ist dabei wichtig, immer in die gleiche Richtung zu rühren. Die Sauce muß steif bleiben und darf nicht auseinanderlaufen.

Aioli ist die klassische Beigabe für Schnecken, aber auch für Kaninchen vom Grill. Schon eine Scheibe geröstetes Brot vom Holzkohlegrill wird dadurch zur Delikatesse.

Es gibt auch die Version, statt der Eier eine kalte, gekochte und zerstampfte Kartoffel zu nehmen. Was man wählt, ist reine Geschmackssache.

Gonzalo gründete, von denen es heute jeweils eines am Anfang und Ende des Dorfes gibt.

Auch Pedro stammt aus der Extremadura, wo sein Vater Schäfer gewesen war. Als der in jungen Jahren starb, suchte die Mutter auf Mallorca ihr Glück. Sie kommt heute – im hohen Alter von über 80 Jahren – noch täglich ins Restaurant ihres Sohnes.

Zehn Jahre lang arbeitete das Ehepaar Romero/Romera in der Casa Gonzalo, bevor sie sich selbständig machten und mit den inzwischen

Sopes mallorquinas
Eintopf mit Brot

Für 4 Personen

400 g Schweinefleisch, nach Möglichkeit ein Halsstück
1 Weißkohl
1 Bund Mangold
1 Knoblauchzehe
1 Zweig Blumenkohl
1 Zwiebel
1 Tomate
200 g Erbsen (evtl. tiefgekühlt)
1 scharfer Paprika, getrocknet und gehackt
250 g getrocknetes Brot *(sopes)*
1 Tasse Olivenöl
20 g Rosinen
50 g Pinienkerne
100 g *butifarró* (Blutwurst)
1 l Wasser
Salz, süßer Paprika

Das Fleisch in Öl anbraten, nach und nach die gehackte Zwiebel, Tomate, später alles kleingeschnittene Gemüse hinzufügen, immer wieder rühren. Dann das Wasser und die Gewürze zugeben. 20 Minuten köcheln lassen.

Die Brotscheiben, Rosinen, Pinienkerne und Wurst hinzufügen. Kurz köcheln lassen, bis das Brot die Flüssigkeit aufgenommen hat. Mit einem kleinen Schuß Olivenöl begießen und in einem Tontopf servieren.

zwei Restaurants Mesón Ca'n Pedro – man spricht von den Restaurants oben und unten, von neu und alt – beachtlichen Erfolg haben. 70 Mann (und Frau) Personal in Küche, Service und Reinigung versorgen am Tag knapp 500 Gäste. Inzwischen sind die Söhne Carlos und Daniel mit von der Partie, die Tochter dagegen studiert an der Universität von Palma Psychologie.

»Zu uns kommen sie alle, ob alt oder jung«, sagt Pedro Esteban. »Unsere älteste Stammkundin ist über neunzig Jahre alt, die jüngsten sitzen im Kinderstuhl.«

Manchmal ist es ganz schön hektisch im Mesón Ca'n Pedro, vor allem am Wochenende, wenn Großfamilien zum genußreichen Schmausen kommen. Dann scheint es, als bestünde die ganze Welt nur aus Essen, als habe niemand etwas anderes im Kopf. Die Kellner agieren konzentriert und mit unerschütterlicher Liebenswürdigkeit. Was aus der Küche kommt, ist dampfend, duftend und schmackhaft.

Man kann das Mesón Ca'n Pedro nicht unbedingt als schön bezeichnen, aber es ist funktionell und gemütlich, man fühlt sich zu Hause.

Die Spezialität des Hauses sind Schnecken, *caragols,* im Sud aus Schinkenknochen und Kräutern. Man pult sie fein säuberlich mit einem Zahnstocher aus dem Gehäuse, zieht sie kurz durch *aioli*, die Knoblauchmayonnaise, und läßt sie auf der Zunge zergehen. »Kinder lieben Schnecken ganz besonders«, sagt Pedro Esteban Romero. »Kürzlich hat eine ganze Gruppe von Gästen das Lokal wieder verlassen, nur weil – und es war schon nach 23 Uhr – die Schnecken ausgegangen waren. Das kommt bei uns eigentlich niemals vor.« Pedro Esteban ist davon überzeugt, daß nirgends auf der Welt so viele Schnecken verzehrt werden wie auf Mallorca. Die Molusken haben Hochsaison im September/Oktober, aber auch im Mai. Im Mesón Ca'n Pedro werden sie das ganze Jahr über angebo-

ten. Sie kommen aus ganz Spanien, teils per Lastwagen, teils per Flugzeug, aber immer lebend.

Der katalanische Biologe Cristian Altaba hat festgestellt, daß es auf den Balearen über hundert Schneckenarten gibt, wenn man die Nacktschnecken dazuzählt. Maximal zehn davon werden in der Küche verwendet. Schnecken waren schon für Phönizier und Römer eine Delikatesse, der römische Historiker Plinius berichtet bereits um 50 v. Chr. von einer Schneckenzucht.

Die bekannteste Schneckenart auf den Balearen ist Helix Aspersus, *caragol bover* auf mallorquín. Sie war ursprünglich nur im Süden und Westen Europas zu Hause, wurde aber bald in anderen Gebieten verbreitet – aus kulinarischen Gründen.

Auf Mallorca sind Schnecken seit jeher beliebt; in einem Rezeptbuch aus dem Jahr 1886 findet man bereits ein Rezept für *caragols farcits* (gefüllte Schnecken).

Bei den ersten Regenfällen im Herbst sieht man auf der Insel ganze Heerscharen von Menschen in gebückter Haltung am Straßenrand: Sie sammeln Schnecken. Und unterziehen sich der Mühe der langwierigen Zubereitung. »Mit den Schnecken ist es wie mit anderen Gerichten der mallorquinischen Küche«, sagt Pedro Esteban

Caragols amb porcella rostida

Schnecken mit Spanferkel

Für 8 Personen

5 kg Schnecken
750 g Spanferkel
200 g roher Schinken, am besten vom schwarzen Schwein
4 mittelgroße Zwiebeln
1 Tomate
2 scharfe Paprika
1 Stück Chilischote
etwas kleingehackter Fenchel
1 Knoblauchknolle
1 Bund aromatische Kräuter (Fenchel, Majoran und wilde Minze)
1 Lorbeerblatt
Öl zum Braten
Salz, Pfeffer

Die Schnecken mehrmals in sauberem Wasser waschen.

Das Spanferkel kleinschneiden und in einer Pfanne mit Öl anbraten. Salzen und pfeffern und beiseite stellen.

Die Zwiebeln in Würfel schneiden und schmoren. Wenn sie halb gar sind, den rohen Schinken und die kleingeschnittene Tomate dazugeben.

Die Schnecken in einen Topf geben, mit Wasser bedecken und zum Kochen bringen. Wenn das Wasser anfängt zu kochen, Zwiebeln, Spanferkel, die kleingeschnittenen Paprika, Chilischote, Fenchel, Knoblauch, das Kräuterbund und Lorbeerblatt hinzugeben. Auf kleiner Flamme köcheln lassen, bis sie weich sind, dann mit Salz abschmecken. Die Garzeit kann bis zu 30 Minuten betragen.

Mit Knoblauchmayonnaise servieren.

Romero. »Sie sind arbeitsaufwendig und deshalb heutzutage teuer. Wer diese Küche bewahren möchte, muß Opfer bringen.«

Es gibt zwei Geheimnisse eines guten Schneckengerichts. Das erste ist Wasser, Wasser und noch einmal Wasser. Denn im ersten Durchgang werden die Schnecken vier- bis fünfmal gründlich gewaschen. Mit reichlich Wasser. Dann werden sie in einem großen Topf – wiederum mit viel Wasser – langsam auf kleiner Flamme zum Kochen gebracht. Dabei geben sie reichlich Schleim ab.

»Dann muß man sie betrügen«, sagt Pedro Esteban Romero. »Die Kochtemperatur wird plötzlich erhöht, dabei schlüpfen sie aus ihren Häusern. Die Schnecken, die in ihrem Gehäuse bleiben, muß man wegwerfen.« Danach werden die Schnecken noch weitere viermal gewaschen, bis auch wirklich kein Rest von Schleim mehr zu finden ist.

Dann beginnt der eigentliche Kochvorgang mit dem zweiten Geheimnis: dem Schinkenknochen. Die Schinken im Mesón Ca'n Pedro kommen allesamt aus der Extremadura, die die Provinzen Càceres und Badajoz umfaßt, wo es – ebenso wie auf Mallorca – schwarze Schweine gibt. Deren Schinken hängen im Mesón Ca'n Pedro von der Decke, mit dem typischen Hütchen, das dazu dient, das abtropfende Fett aufzufangen. Der Schinken selbst wird als Vorspeise oder auf dem *pa amb oli* serviert, der Knochen kommt in den Schneckensud, ebenso ein paar gehackte Schinkenstücke, mit Zwiebeln, Tomaten und aromatischen Kräutern wie Fenchel, Oregano und *herba bona*. Die genaue Zusammensetzung ist von Familie zu Familie, von Ort zu Ort, von Region zu Region verschieden. Wobei heute – der vielen Arbeit wegen – Schnecken nur noch selten zu Hause zubereitet werden. Dazu geht man ins Restaurant.

Von der Volksweisheit, wonach der Genuß von Schnecken am 25. April, am Tag des heiligen Markus, jedwede Gicht heile, hält Pedro Romero Esteban nur wenig, aber »wer daran glaubt, dem wird bestimmt geholfen«, sagt er. Schnecken am Sankt-Josefs-Tag, am 19. März, zu essen soll Glück bringen. Es gibt eben immer wieder Gründe, Schnecken zu essen, im Mesón Ca'n Pedro und anderswo.

Die zweite Spezialität des Restaurants ist neben *arroz brut* oder den berühmten *sopes mallorquinas* das auf dem offenen Holzkohlegrill gebrutzelte Fleisch. Für Leute, die zum Grillen Kohle verwenden, hat Pedro nur ein verächtliches Lächeln übrig. Er schwört auf Olivenholz und Eiche, ist aber gleichzeitig besorgt, ob das in zehn oder zwanzig Jahren noch möglich sein wird. »Früher wurden auf der Insel für jeden gefällten Baum drei neue gesetzt. Das ist heute nicht mehr der Fall. Ich fürchte, eines Tages geht uns einfach das Holz aus. Die Waldbrände der letzten Jahre haben ein übriges dazu getan.«

Das meiste Fleisch bezieht er vom spanischen Festland, vorzugsweise aus der Gegend von Segovia. Aber auch mallorquinisches Lamm ist ihm willkommen. »Daraus bereiten wir vor allem Lammkeule im Ofen, was besonders deutsche Kunden zu schätzen wissen. Wir kaufen selten Lämmer, die schwerer sind als fünf Kilo, sonst ist das Fleisch zäh.«

Pedros Lammkoteletts vom Grill sind niemals zäh, sondern butterweich, ebenso das Schweinefleisch oder Kaninchen oder Wachteln. Was auch an der köstlichen Marinade liegt, mit der das Fleisch während des Grillens besprenkelt wird.

So tragen die Kellner denn Teller um Teller an die langen Holztische, wo jedes Gericht sehnsüchtig erwartet wird. Was auch immer sie servieren, es läuft einem das Wasser im Munde zusammen.

»Man muß es einfach mit Liebe machen«, sagt Pedro. »Das ist wie in der Ehe. Da gibt es auch kein ›Aber‹...«

Mè farcit

Lammkeule gefüllt auf mallorquinische Art

Für 4 Personen

1 Lammkeule

Für die Füllung:
250 g mageres Hackfleisch
1 Knoblauchzehe
25 g Rosinen
25 g Pinienkerne
50 g *sobrasada*
Petersilie und Majoran
1 hartgekochtes Ei
2 verquirlte Eier
Salz, Pfeffer

Für den Garvorgang:
1 Zwiebel
1 Tomate
1 Möhre
100 ml Weißwein
2 EL Schmalz

Die Knochen aus der Lammkeule herauslösen und das Fleisch mehrmals einschneiden. Salzen und pfeffern.

Alle Zutaten für die Füllung gut vermischen. Die Hälfte der Füllung in die Mitte der Keule geben. Das in 6 Stücke geteilte hartgekochte Ei und die in Würfel geschnittene *sobrasada* darübergeben, mit der restlichen Füllung bedecken und in Alufolie einwickeln.

Das Gemüse schmoren und auf ein Backblech geben. Die Keule darauflegen, mit Wein übergießen und im Backofen bei 180 Grad etwa $1^1/_2$ Stunden braten. Ab und zu wenden und mit dem Bratensaft beträufeln. Aus dem Ofen nehmen, etwas abkühlen lassen und in Scheiben schneiden.

Das Gemüse durch ein feines Sieb streichen und über das Fleisch geben.

Dazu Bratkartoffeln mit Knoblauch und Petersilie servieren.

Zitronen(falter)-Sorbet"
CM '96 * K*

Restaurante Son Llarg

Estellencs

Die Gebirgsstraße, die von Andratx im Süden bis zum nördlichen Kap Formentor führt, ist gut hundert Kilometer lang. Sie ist ein absolutes touristisches »Muß«. Hier liegen die rund vierzig Gipfel über tausend Meter Höhe, hier liegt Mallorcas höchster Berg, der Puig Major. Hier liegen die Stauseen Gorg Blau und Cúber. Hier sind kleine Buchten mit Steilhängen zu finden, die oft nur auf abenteuerlichen Straßen zu erreichen sind: Cala d'Estellencs, Port d'es Canonge, Port de Valldemossa, die Cala de Deiá und – weiter im Norden – die Cala Tuent und Sa Calobra.

Hier gibt es die sogenannten »atalayas«, Wachtürme, die einst dem Schutz vor der allgegenwärtigen Piratenplage dienten. Diejenigen an der Westküste sind am besten erhalten und bieten Ausblicke, die atemlos machen. Hier liegen einige der schönsten Dörfer und Städte der Insel wie Pollença, Sóller, Deiá, Valldemossa, Banyalbufar.

Und Estellencs. Überragt von der felsigen Spitze des Galatzò, der den Mallorquinern als magischer Berg gilt, klebt das Dorf förmlich am Hang.

Agrikultur war immer der wirtschaftliche Grundpfeiler, schon zu Römerzeiten wurden hier Getreide, Wein und Oliven angebaut, unter islamischer Herrschaft Obst und Gemüse. Das gilt, wenn auch eingeschränkt, bis heute. Viele natürliche Quellen machen eine ständige Bewässerung und damit mehrere Ernten im Jahr möglich.

Das Dorf hat sein Gesicht in den letzten Jahrhunderten nur wenig verändert. Es gibt ein altes Waschhaus, winkelige Gassen, Bruchsteinfassaden und über allem den Turm der Pfarrkirche, die dem heiligen Johannes geweiht ist.

Und es gibt einige gute Restaurants.

Wie beispielsweise Son Llarg in einem alten Haus an der Hauptstraße. Seit zehn Jahren führen Carmen Avellà Marimón, die Mama, und Catalina Jover Avellà, die Tochter, gemeinsam mit deren Ehemann Carlos Diaz das Haus. Die beiden Frauen führen das Regiment, nicht nur in der Küche.

Rein räumlich gesehen, findet hier alles auf verschiedenen Ebenen statt: Zunächst ist da eine Art Rampe, die auf die Terrasse führt, die wiederum so schräg angelegt ist, daß die Beine von Tischen und

Escarxofes farcides
Gefüllte Artischocken

1. Version – gefüllt mit Gambas

pro Person 2 Artischocken
pro Artischocke 6 Gambas mittlerer Größe
1 Glas Milch
etwas Maizena
Salz und Pfeffer
1 Zwiebel
Knoblauch
Petersilie
1 Gläschen Cognac

Für den *sofrit* Zwiebel, etwas Knoblauch und Petersilie kurz anbraten, die in Stücke geschnittenen Gambas dazugeben, kurz garen und mit etwas Cognac flambieren.

Die Artischockenherzen säubern, aushöhlen und kochen, bis sie »al dente« sind.

Dann die Füllung hineingeben. Milch und Maizena mischen, abschmecken und darübergießen. 5 Minuten im Ofen garen.

2. Version – gefüllt mit Fleisch

Pro Person 2 Artischocken

pro Artischocke ca. 50 g Hackfleisch, halb Rind, halb Schwein
Knoblauch
Petersilie
1 Zwiebel
2 Tomaten
Thymian
Salz und Pfeffer

Das Fleisch mit etwas Knoblauch anbraten, mit Salz, Pfeffer und Thymian abschmecken.

Für den *sofrit* Tomaten, Zwiebel, Knoblauch kurz andünsten und mit Fleischfond auffüllen.

Die Artischocken säubern und aushöhlen. Nicht kochen!

Stühlen unterschiedliche Längen haben, einfach haben müssen. Man darf nicht etwa versuchen, den Stuhl an den Tisch zu ziehen. Dann paßt die ausgeklügelte Konstruktion nicht mehr.

Im Erdgeschoß befindet sich ein Vorraum, hübsch eingerichtet mit Bistrotischen, im ersten Stock die Bar, dahinter die Küche und – ein paar Treppen weiter oben – der Speiseraum, heimelig eingerichtet, mit wunderschönem Blick über das Dorf und auf die Kirche. Man speist fast in Augenhöhe mit der Turmuhr.

An den Wänden wechselnde Bilder von mallorquinischen Malern, modern oder konventionell, die auch zum Verkauf stehen.

»Wir kochen so klassisch wie nur möglich«, sagt Catalina Jover. »Man sollte Dinge nicht ändern, wenn sie gut sind. Neuerung um der Neuerung willen ist bei uns verpönt. Was gut ist, muß sich nicht wandeln.«

Dennoch wechselt die Speisekarte ständig, der Jahreszeit, dem Marktangebot angepaßt, wenn es auch einige Gerichte gibt, die immer auf der Karte zu finden sind wie *entrecote*. Das muß sein,

Etwas Masse aus den Artischocken zu der Fleischmischung geben und die Artischocken damit füllen. Mit dem *sofrit* übergießen und 45 Minuten im Ofen bei kleiner Hitze garen.

Albergínies farcides
Gefüllte Auberginen

Für 4 Personen

6 Auberginen
$^1/_2$ kg Hackfleisch, halb Rind, halb Schwein
1 große Zwiebel
Oregano
Salz und Pfeffer
1 Handvoll geriebene *galletes* – ein salziges Frühstücksgebäck, das es überall zu kaufen gibt.

Für die Tomatensauce etwa 5 Tomaten schälen, von den Kernen befreien, klein hacken und mit Knoblauch, Lorbeerblatt, etwas Zucker, Salz und Pfeffer kurz garen.

Die Auberginen der Länge nach aufschneiden, mit einem scharfen Messer einschneiden und salzen. 30 Minuten stehenlassen und dann waschen. Kurz braten, einen Teil der Gemüsemasse auslösen und pürieren.

Die Zwiebel anbraten, das Gemüse dazugeben, dann das Hackfleisch. Gut mischen und abschmecken.

Die Auberginen-Schiffchen damit füllen, mit geriebenen *galletes* bestreuen, die Tomatensauce darübergießen und maximal 10 Minuten im vorgeheizten Ofen bei nicht zu großer Hitze garen.

weil manche Gäste regelmäßig danach fragen. Catalina Jover spricht davon mit leichter Verachtung.

Ein Teil der Grundnahrungsmitel kommt aus eigenem Anbau: Tomaten, Bohnen, Kartoffeln, Kräuter. Der Vater bewirtschaftet eine großen Garten, Eier und Lammfleisch bringen die Nachbarn. Den Rest kauft Catalina Jover im Mercat Oliver in Palma. »Wir wollen nicht auf den Großmarkt gehen, wo es hektisch und anonym ist. Ich lege Wert darauf, die Händler zu kennen, zu wissen, woher die Materialien kommen.«

Catalina Jover weiß, daß heutzutage viele traditionelle Gerichte nur noch selten angeboten werden.

»Die Inselküche ist so arbeitsaufwendig, daß sich vor allem die jungen Familien davor scheuen. Sie gehen aber gerne ins Restaurant, um gerade diese Gerichte zu bestellen. Außerdem haben die Menschen heute keinen wirklichen Hunger mehr.«

Die Damen von Son Llarg scheuen keine Mühe. Sieben Stunden muß beispielsweise der Fond für die *sopa de nadal*, die Weihnachtssuppe, kochen; der Fond besteht aus möglichst vielen verschiedenen Sorten Fleisch, aber immer mindestens mit Huhn, Truthahn, jeweils mit den Innereien, einem großen Markknochen und einem Ochsenschwanz zusammen mit Tomate, Sellerie und Karotten. Zum Schluß sieht das Ganze nach gar nichts aus. Aber der Geschmack …! Für's Auge wird etwas Eierstich hinzugefügt.

Weihnachten gibt es auch *porcella*, Spanferkel, gefüllt mit mehreren Sorten Hackfleich, Kräutern und Pflaumen. Im Herbst stehen immer wieder *setas*, Pilze, auf der Speisekarte, mal ganz klassisch mit kurz gebratenem Schweinefleisch und einem Hauch von Petersilie und Knoblauch oder aber mit der Paprikawurst, *sobrasada*. Das wählen die Kenner.

Im Oktober gibt es – wenn die Wettergötter gewogen sind – den Gewitterfisch, *llampuga*, schlicht paniert und in der Pfanne gebacken oder im Ofen mit Tomaten, Auberginen und Paprika gegart. *Llampuga* hat oft nur für zwei bis drei Wochen Saison.

Apropos Auberginen. Die gibt es nur dann, wenn sie auf Mallorca wirklich am Strauch reifen, von Juni bis maximal Ende September. Catalina Jover füllt sie und gart sie in einer Tomatensauce. »Sie haben in dieser Zeit einfach einen besseren Geschmack. Es ist für mich überhaupt absurd, beispielsweise im Januar Erdbeeren zu essen oder dicke Bohnen im Sommer. Jedes Ding hat seine Zeit, und Magen und Seele sind eigentlich darauf eingerichtet. Restaurants, die Auberginen oder Artischocken das ganze Jahr über anbieten, machen mich skeptisch.« Artischocken sind auf Mallorca ein ausgesprochenes Wintergericht.

Einer der Sommerhits im Restaurant Son Llarg ist *tumbet*, ein Gemüsetopf aus Tomaten, Paprika, Auberginen mit Zwiebeln und Knoblauch, manchmal auch mit Kartoffeln. Jedes Gemüse wird einzeln in Olivenöl gebraten und erst kurz vor dem Servieren zusammengegeben. Jedes Stück ist »al dente«. Man kann *tumbet* als kleines Gericht essen oder aber auch aufwendiger mit kurz gebratenem Schweinefleisch oder Fisch, je nach Geschmack.

Am Eingang lädt ein Schild – in deutscher Sprache – zu »Hausgemachtem Kuchen« ein. Die Torten stammen alle aus der eigenen Küche: Schokoladenkuchen, Mandeltorte, Käsekuchen oder *greixonera*, eine Art Käsekuchen ohne Boden, serviert im Tontopf. Hausgemacht ist auch die *crema catalana*, der Karamelpudding, mit der dunklen, knusprigen Kruste aus gebranntem Zucker. Und natürlich die Sorbets, auch wieder je nach Jahreszeit wechselnd. Ganz besonders köstlich und fast immer zu haben: Zitronensorbet mit feinem Duft.

Das Weinangebot ist riesig, fast alle Weine kommen – neben einigen Rioja-Weinen – aus den Anbaugebieten der Insel. Die Damen von Son Llarg lieben es eben klassisch.

POLLO
CON SALSA
DE ALMENDRA
AL AST

Celler Can Amer

Inca

Es begann mit dem Wochenmarkt. Er findet seit jeher an jedem Donnerstag der Woche statt, weil – der Legende nach – der Erobererkönig Jaume I. an einem Donnerstag des Jahres 1229 zum ersten Mal nach Inca gekommen sein soll. Am zweiten Donnerstag im November findet der »Dijous bo« statt, der »fette Donnerstag«, eine ausgedehnte Landwirtschafts- und Kunsthandwerksmesse, bei der ganz Mallorca zusammenkommt.

Außer dem Markt hat Inca für Besucher wenig zu bieten. Ein Bummel durch die Stadt mit rund 20 000 Einwohnern zeigt das alte arabische Straßennetz, denn Inca war während der maurischen Herrschaftsepoche (etwa 900 bis 1229 n. Chr.) Distrikthauptstadt und entwickelte sich zur volkreichsten Stadt der Insel, zu einer Stadt der Arbeit, des Handwerks und des Kunsthandwerks.

Das blieb auch nach der Wiedereroberung Mallorcas durch die aragonesischen Könige so, als Mallorca in Pfarreien aufgeteilt wurde. Das Kunsthandwerk der Keramik, das unter den Arabern aufgeblüht war, machte die Stadt seit dem Mittelalter in ganz Europa bekannt. Im 15. Jahrhundert gab es mehr als 400 Keramikmanufakturen, deren Erzeugnisse als Majorica-Keramik gehandelt wurden. Heute sprechen wir von »Majolika«.

Auch die Schuhindustrie von Inca hat Tradition: 1458 gründeten die »Sabaters« der Stadt ihre eigene Zunft. 1473 folgten die Weber und Wirker ihrem Beispiel. Die Stadt wurde wohlhabend.

Kunstreiseführer tun sich schwer, über Inca und seine Sehenswürdigkeiten zu berichten. Allerdings lohnt ein Blick auf die Pfarrkirche Santa Maria Major, die im 13. Jahrhundert auf dem Platz der alten Freitagsmoschee errichtet wurde. Schön ist der quadratische Glockenturm mit seinem verspielten Aufsatz.

Die emsige Arbeitstätigkeit hat sich in Inca erhalten. Auf dem Gemeindegebiet sind heute etwa 100 Schuhfabriken, ungefähr 50 Ledermanufakturen, 36 holzverarbeitende Betriebe und 14 Textilhersteller ansässig. Hunderte von Urlauberbussen kommen täglich in die Stadt, um den Besuchern aus England oder Deutschland einen günstigen Einkauf von Lederwaren zu ermöglichen. Inzwischen ist dies ein blühender Geschäftszweig.

Doch Inca ist auch ein bedeutendes Landwirtschaftszentrum. Dies wird an den Markttagen immer noch deutlich, wenn auch heute die ganz normalen Souvenirhändler das Bild bestimmen.

Arrope
Traubenmost

Jeweils im Oktober, zur Weinlese, bereitet Josep Torrens den *arrope*, eine Art Mostsirup aus Trauben, der extrem süß ist.

Man nehme eine typisch mallorquinische Traubensorte, am besten *calop*, und erhitze die Früchte in einem Topf. Eine Stunde leicht köcheln lassen, dabei immer wieder Schaum abschöpfen. Danach mindestens zwei Stunden abkühlen lassen, nun wieder erhitzen und die Prozedur eine weitere Stunde durchführen.

Damit ist der Zubereitungsprozeß keineswegs abgeschlossen, denn am nächsten Tag geht das Ganze von vorne los: Erhitzen, Schaum abschöpfen, abkühlen lassen, erhitzen, Schaum abschöpfen, abkühlen lassen. Die Masse muß sich um mindestens die Hälfte verringern.

Danach wird der *arrope* in Gläser abgefüllt und kann über Jahre aufbewahrt werden. Allerdings nur wenn auch wirklich der ganze Schaum beseitigt wird. *Arrope* wird zu *bunyols*, einem Schmalzgebäck aus Kartoffelmehl, gereicht, kann aber auch andere Süßspeisen ergänzen.

Crema d'ametles
Mandelcreme

Für die Hühnerbrühe:

5 l Wasser
1 Huhn
2 Kalbsknochen von der Brust
2 Möhren
1 Stange Sellerie
1 Stange Lauch
1 Blatt Weißkohl
1 weiße Rübe

Für die Mandelcreme:

2 l Hühnerbrühe
500 g rohe Mandeln, geschält

Für heiße Creme zusätzlich:

1 Eigelb
100 g Sahne

Für kalte Creme zusätzlich:

100 g geröstete und gehackte Mandeln
1 Prise Zimt

In einem Topf Wasser, Huhn und Knochen zum Kochen bringen. Gut entfetten. Das Gemüse hinzufügen und nach Geschmack salzen. Auf kleiner Flamme kochen lassen, bis die Flüssigkeit auf die Hälfte eingekocht ist. Von Zeit zu Zeit den Schaum abschöpfen. Durch ein Haarsieb geben und beiseite stellen.

Die Brühe mit den Mandeln für 20 Minuten auf kleiner Flamme erhitzen. Immer wieder sorgsam den Schaum entfernen. Die Mandeln zerkleinern, bis sie mit der Brühe einen feinen Brei bilden. Wenn nötig nachsalzen. Einige Stunden beiseite stellen.

In einer Suppenschale auf die kalte Creme geröstete Mandeln mit Zimt geben.

Für die heiße Creme Sahne und geschlagenes Eigelb vermischen und passieren, auf die heiße Creme geben und sofort servieren.

In alten Zeiten, so erzählt man in Inca, sind die Marktleute donnerstags nach ihren Geschäften in die Weinlager und Bodegas von Inca gekommen, um hier am offenen Feuer ein Stück mitgebrachter *sobrasada* (Paprikawurst) oder *butifarró* (Blutwurst) zu rösten. Dazu haben sie sich dann ein Glas Wein bestellt. Das war der Anfang der Tradition der »Cellers de Inca«. Denn eine Bodega nennt man auf Mallorca »Celler«.

Daß Frauen in der Küche – und auch sonst – das Sagen haben, hat auf Mallorca Tradition. Wie in fast jeder bäuerlichen Gesellschaftsstruktur waren und sind Frauen die unumschränkten »Herren des Hauses« und für das leibliche Wohl zuständig. »Sa Dona du es maneig – die Frau hat das Sagen« lautet ein Sprichwort.

Im Celler Can Amer kocht Antonia Cantallops seit mehr als zwanzig Jahren. Can Amer hat inzwischen Berühmtheit erlangt. Das britische Fernsehen BBC war hier ebenso zu Gast wie das deutsche Fernsehen. 1992 bei der Weltausstellung in Sevilla war Can Amer als eines der 24 besten Restaurants Spaniens vertreten, und wann immer die Inselregierung ausländischen Besuchern demonstrieren

möchte, was mallorquinische Küche wirklich sein kann, ist Can Amer die richtige Adresse.

Dabei ist die Ausstattung des Restaurants ausgesprochen einfach, aber urgemütlich. Man steigt steile Stiegen hinab. Unten befindet sich ein sehr hoher Raum mit vielen riesigen Weinfässern und zwei mächtigen Säulen, an einer davon ist der Bollerofen für kalte Wintertage untergebracht. An den Wänden hängen Keramikteller, liebevolle Arrangements von Trockenblumen, und über der Bar sieht man eine Sammlung von alten Kupfertöpfen, die jeden Sammler neidisch machen kann. Dazu Kacheln mit Motiven des Malers Coll Bardolet, der auch die Speisekarte gestaltet hat. Auf den weiß-rot gedeckten Tischen liegt je nach Jahreszeit ein einziger Granatapfel oder eine Orange als Farbfleck.

Antonia Cantallops ist ein Küchen- und Gourmet-Profi. Wenn sie über Küche spricht, bekommen ihre Wangen eine zartrosa Farbe vor lauter Begeisterung und Engagement. Dennoch akzeptiert sie keine Kompromisse. »Ich glaube nicht an *arroz brut* und an viele Gerichte, die in Restaurants mit sogenannter mallorquinischer Küche angeboten werden«, sagt sie. »Für mich ist die Küche dieser Insel viel reicher, als man im allgemeinen glaubt. Es heißt immer, mallorquinische Küche sei eine Armen-Küche. Das gibt es gar nicht. Es gibt nur Küche, die arm im Geiste ist. Auf unserer Insel gab es viele verschiedene Kulturen. Sie alle haben im Laufe der Jahrhunderte ihre Spuren hinterlassen, auch in der Küche.«

Sie selbst hat vor gut zwanzig Jahren angefangen, sich mit der Inselküche zu beschäftigen. »In meiner Familie gibt es ein Rezeptbuch mit drei verschiedenen Handschriften. Die Anleitungen stammen aus drei Generationen. Auch Freundinnen haben mir immer wieder alte, fast vergessene Rezepte ihrer Familien geliefert, die ich mit großer Begeisterung ausprobiere.«

Bracet de mè farcit amb albergínies i sobrasada

Lammkeule gefüllt mit Auberginen und Paprikawurst

Für 6 Personen

1,2 kg entbeinte Lammkeule (die Knochen müssen aufbewahrt werden)
1 kg Auberginen
1 Stange Lauch
1 Zwiebel
1 Stange weißer Sellerie
3 große Möhren
3 Knoblauchzehen
1 Lorbeerblatt
Thymian und Oregano
1 Glas Firnwein
Salz und Pfeffer

Auberginen schälen und in Streifen schneiden. In reichlich Olivenöl garen. In einem Sieb abtropfen lassen und das Innere der Lammkeule damit ausstreichen. Dann die Paprikawurst wie einen Zylinder von $1^1/_2$ Zentimeter Durchmesser in die Mitte der Lammkeule geben.

Möhren, Lauch, Sellerie, Zwiebeln, Knoblauch, Lorbeerblatt und Kräuter fein hacken. Diese Mischung und den Knochen aus der Lammkeule auf ein Backblech geben, mit Aluminiumfolie abdecken. Dann die Lammkeule darauf legen. Den Backofen bei 190 Grad vorheizen und das Ganze 1 1/2 Stunden garen. Damit die Keule nicht trocken wird, immer wieder mit Firnwein und Wasser benetzen.

Gallina farcida amb turró

Mit Mandel-Honig-Gebäck gefülltes Hühnchen

Das Originalgericht wird mit Kapaun bereitet. Antonia Cantallops versichert, daß die Version mit Huhn (fast) ebenso gut ist.

1 entbeintes Hühnchen (etwa 2 kg)
1 kg mageres Schweinefleisch
1 kg Kalbfleisch
1 französisches Weißbrot
3 Eier
$^1/_2$ Glas Milch
1 Glas Firnwein
500 g Turró
100 g Pflaumen
100 g Dörrobst/-Aprikosen
1 Zwiebel
3 Möhren
1 Stange Lauch
1 Stange Sellerie
1 Lorbeerblatt
Thymian, Oregano und Lorbeer, gehackt
Salz, Pfeffer und Muskatnuß

Am Vortag das Hühnchen in eine Beize aus Salz, Pfeffer und Sherry legen.

Schweine- und Kalbfleisch hacken und mit den Kräutern, Eiern, dem in Milch eingeweichtem Brot und $^1/_2$ Glas Firnwein mischen und durch den Fleischwolf passieren, bis sich eine sehr feine Paste ergibt. Das Hühnchen mit der Paste bis zur Hälfte füllen und in die Mitte eine Rolle Turró legen und rundherum die getrockneten Pflaumen und Aprikosen anordnen. Dann den Rest der Masse einfüllen. Das Huhn zunähen. Aus Zwiebel, Lauch und Sellerie sowie den Möhren und 1 Handvoll der Kräuter eine Mischung bereiten. Etwa 2 Stunden Huhn und Gemüsemischung

Sie wandelt ab, was überliefert wurde, gleicht die Zusammensetzung, manchmal auch die Garzeiten der heutigen Zeit an, was auch bedeutet, daß die Gerichte weniger schwer und weniger kalorienreich sind als in alten Zeiten.

Antonia Cantallops stammt aus einer bäuerlichen Familie.

»Das bedeutet eine ›Cuina de Recurses‹.« Was im Klartext heißt: Nichts wird weggeworfen. In allen mallorquinischen Bauernhäusern gab es in der Küche einen Korb, der von der Decke hing. Hier wurde die Woche über das alte Brot gesammelt. Es trocknete auf diese Weise von ganz allein. Ein bis zweimal pro Woche wurde es für »Reste-Gerichte« genutzt. Entweder für *pan cuit*, »gekochtes Brot«, eine Suppe mit Fleischbrühe, Knoblauch und dem alten Brot. Es ist auch Basis für eines der köstlichsten Insel-Gerichte: *sopes mallorquinas*, wobei das Wort *sopes* nicht etwa für »Suppe« steht, sondern die getrockneten, salzlosen Graubrotscheiben bezeichnet.

In der Küche der Antonia Cantallops werden weder Konserven noch Tiefkühlkost verwendet. »Es gibt, was es auf den Märkten gibt. Je nach Jahreszeit. Am liebsten ist mir, wenn die verwendeten Materialien aus Mallorca kommen. De la huerta a la casa – vom Garten ins Haus. Was aber nicht immer durchführbar ist, wenn es zum Beispiel in manchen Jahren nach einem trockenen Herbst auf der Insel nur wenig Pilze gibt oder wenn die Nachfrage größer ist als das Angebot. Die gelieferte Ware vom Festland ist allerdings hervorragend. Fleisch bekommen wir von den Bauern der Umgebung, Fisch kommt aus Pollença.«

Je nach Jahreszeit bereitet Ehemann Josep Torrens auch traditionelle Zutaten, die es sonst höchstens noch in Privathäusern gibt: *arrope*, eine Art Mostsirup aus Trauben, oder *membrillo*, ein Quittenmus, oder aber einen feinen Sud aus Granatäpfeln, den Antonia Cantallops zur Herstellung von Sorbet nutzt.

So wechselt die Speisekarte von Can Amer ständig. Zwei Gerichte allerdings dürfen niemals fehlen: gefüllter Kapaun mit Nougat

bei 180 Grad im Ofen garen lassen. Dabei immer wieder mit Firnwein begießen, damit nichts austrocknet.

Wenn das Hühnchen gar ist, die Gemüsemischung in eine Kasserolle geben und mit etwas Wasser auffüllen. Kurz aufkochen lassen, salzen und durch ein Haarsieb streichen.

Das Huhn in Scheiben schneiden und mit der heißen Gemüsesauce servieren.

(*capò farcit amb turró i salsa de frutes seques*) und gefüllte Lammschulter mit Auberginen und Paprikawurst (*bracet de mè farcit amb albergínies i sobrasada*). Womit wieder einmal bewiesen ist, daß sich die traditionelle Küche der Insel durch ungewöhnliche Kombinationen auszeichnet.

Weitere Beispiele aus der Speisekarte: *crema d'ametles* (Mandelcremesuppe), *escudella* (Geflügeltopf mit Ensaimada-Teig überbacken), *frit mallorquí* (Lamminnereien mit Gemüse und Fenchel), *bacalao a la mallorquina* (Stockfisch auf mallorquinische Art), *calabacins farcits amb mero en salca de girgolas* (mit Zackenbarsch gefüllte Zucchini an Pilzsauce), *pierna de mè amb miel i taronges* (Lammkeule geröstet mit Honig und Orangen). Dazu kommt eine reiche Auswahl an Desserts, wie zum Beispiel ein Kuchen aus getrockneten Feigen und Nüssen oder eine Nachspeise aus süßen Kartoffeln. In den Sommermonaten sind die frischen Früchte-Sorbets unübertroffen. Und natürlich gibt es eine gepflegte Weinkarte, deren Auswahl allerdings begrenzt ist.

Wer auf mallorquinische Weise kochen lernen möchte, hat dazu von Januar bis Juni Gelegenheit. Dann gibt Antonia Cantallops regelmäßig Kochkurse. Sie finden im Restaurant Baluard in Palma statt, das ihr Sohn, Joan Torrens, im Sinne seiner Mutter und damit unter Bewahrung der mallorquinischen Küchentradition führt. Das Restaurant Baluard – an der Rückseite der alten Stadtmauer – gibt sich modern und ein wenig kühl. Joan Torrens' Speisekarte ähnelt der von Can Amer. Auf daß bewahrt bleibe, was sich bewährt hat.

ARROZ NEGRO
CON SEPIA EN SU TINTA
CON SEPIA EN SU TINTA

Mesón Los Patos

Port d'Alcúdia

Das Mesón Los Patos in der Nähe von Port d'Alcúdia ist ein Restaurant mit Tradition. Seit zwanzig Jahren wird es von der Familie Font/Barceló geführt, zunächst vom Vater Gabriel Font, jetzt von seinem Sohn. »Küchenchef« war und ist Leonor Barceló, die Frau des Gründers.

Dazu sagt Gabriel Font junior: »Auch ich möchte den Betrieb an meine Kinder vererben, wie es mein Vater mit mir gemacht hat.«

Den Namen hat das Restaurant von den Enten, die einst im Sumpfgebiet der Albufera gejagt wurden.

Tradition wird großgeschrieben. Schon das Gebäude hat Tradition. Es ist ein Stall, etwa 140 Jahre alt. Als man in der Albufera begann, Reis anzubauen, waren hier die Lagerräume für Reis vorgesehen.

Das Feuchtgebiet wird durch eine acht Kilometer lange, 250 Meter breite Sandbank vom Meer getrennt. Das ganze Jahr hindurch wird es durch Torrentes, durch Wildwasserläufe aus dem Tramuntana-Gebirge, mit Süßwasser gespeist. Von dem Wasserreichtum profitieren auch die landeinwärts gelegenen fruchtbaren Anbauflächen der Insel: die vor gut hundert Jahren trockengelegten Sümpfe von Muro und Sa Pobla, heute das wichtigste Landwirtschaftsgebiet der Insel, das einst zur Albufera gehörte.

Die kommerzielle Nutzung der Albufera selbst setzte Anfang des 18. Jahrhunderts mit der Ausbeutung des reichen Rohrbestandes ein. Bald baute man auch Flachs an und stellte Papier her. Ab 1930 parzellierten die damals englischen Grundbesitzer das Gelände, verkauften es an Unternehmer und Private.

Ab 1960 rückten die Baulöwen vor. Um das Gelände zu schützen, erwarb die balearische Landesregierung 1989 das Kernstück der Albufera mit 1700 Hektar Fläche und erklärte es zum Naturpark.

Um die Jahrhundertwende wurde die Region sehr intensiv für den Reisanbau genutzt. Im Jahr 1901 erwirtschafteten die Bauern von Sa Pobla pro Hektar noch 7200 Kilogramm. Das war mehr als in den traditionellen Anbaugebieten rund um Valencia und im Ebro-Delta. Heute widmen sich nur noch vier Bauern dem Reis und erwirtschaften im Durchschnitt zwischen 1800 und 2000 Kilogramm.

Mitte September, wenn die Felder allmählich eine goldene Farbe annehmen, beginnt die Ernte. Die Stiele werden in Bodennähe

geschnitten und zu Bündeln geschnürt. Danach schneidet man die Ähren ab und läßt die Stiele im Reisfeld selbst verfaulen. Jetzt kommen die Ähren auf die Tenne zum Dreschen; danach werden sie maschinell geschält.

Dabei muß man genau wissen, wann man welche Menge verkauft: Ungeschält kann man die Ähren bis zu zehn Jahren aufbewahren, geschält nur ein halbes Jahr im Winter oder einen Monat im Sommer. Die Jahreszeit spielt dabei eine große Rolle.

Während des spanischen Bürgerkrieges (1936 bis 1939) wurde von einem Nebengebäude aus die Albufera durch die Guardia Civil überwacht. Damit wollte man vor allem dem regen Schmuggel mit Kaffee, Tabak und Mehl Einhalt gebieten.

Als der Reisanbau nicht mehr rentabel war, kaufte Gabriel Font senior das Gebäude, renovierte, restaurierte und eröffnete 1976 das Restaurant.

Es ist einfach, aber gemütlich eingerichtet, mit viel Holz, rot-weißen Tischdecken, mit einem Kamin für den Winter, im Sommer gibt es einen Pool, eine Liegewiese, einen Kinderspielplatz und mehrere Terrassen. Man merkt es gleich: Hier steht die gastronomische Qualität im Vordergrund. Wichtig ist, was auf dem Teller ist.

Fideus amb anguilas
Nudeln mit Aal

Für 4 Personen

800 g Aal, in fingerlange Stücke geschnitten
1 Zwiebel
1 Tomate
2 Stangen Lauch
Knoblauch
Petersilie
400 g Nudeln, am besten solche aus dunklem Weizenmehl, es können aber auch Spaghetti sein, in Stücke gebrochen
1 kleine Tasse Öl
$1^1/_2$ l Wasser
1 Lorbeerblatt
Salz und Pfeffer
Zimt, Safran und süßer Paprika

In einem Topf mit Olivenöl die Zwiebel, Tomate, Lauch und Knoblauch, alles feingehackt, zusammen mit dem Lorbeer anbraten. Mit den Gewürzen abschmecken. Wenn alles goldgelb ist $1^1/_2$ Liter Wasser hinzufügen. Dann den Aal beigeben. 10 Minuten auf kleiner Flamme kochen.

Dann die Nudeln hinzufügen. Maximal 10 weitere Minuten kochen. Sofort in einem Tontopf servieren.

Zweiter Küchenchef ist José Magan, der seit zwölf Jahren im Hause ist, seit 14 Jahren sorgt Manolo Valverde für reibungslosen Service. Insgesamt sind zehn Personen für das Wohl der Gäste verantwortlich, im Sommer, wenn Hochbetrieb herrscht, sind es noch fünf bis sechs mehr.

Schwerpunkt des Angebotes sind zwei sehr verschiedene Arten von Gerichten: Aale und Reisgerichte. Wobei Reis aus der Albufera selbst kaum verwendet wird: Er ist zu teuer. Dennoch gibt es im Mesón Los Patos immer wieder gastronomische Wochen, in denen Reisgerichte wie mehrere Sorten *paella,* wie *arroz brut* (mit mehreren Fleischsorten) oder *arroz negro* (mit Tintenfisch) im Vordergrund stehen.

Jahr für Jahr im Dezember veranstaltet Gabriel Font auch die »Setmana de l'anguila«, die »Woche des Aals«, in der er bis zu zehn verschiedene Variationen dieses köstlichen Süßwasserfisches anbietet.

Der Aal ist beständig; es hält ihn länger als ein Dutzend Jahre in den Gewässern der Albufera bei Alcúdia, wo er dick und fett wird, bis er im Netz eines Fischers und dann auf einem Teller landet.

Der Aal-Mann, versteht sich. Die Aal-Frau hat dann längst wieder eine unausweichliche Fernreise angetreten.

Das tut sie jedes Jahr. In der Zeit von Oktober bis Sant Antoni, das ist der 17. Januar, reisen die mallorquinischen Aal-Damen in größeren Gruppen quer durch den Atlantik. Dann versammeln sie sich mit anderen Aal-Damen aus anderen Meeresgegenden in den warmen Wassern um die Bahamas.

Hier legen sie ihre Eier, Millionen um Millionen, und sterben. Der Zweck der Reise ist erfüllt. Die ausschlüpfenden Geschöpfe fristen ihr junges Leben gut zwei Jahre als Larven, die sich von Plankton ernähren. So reifen sie allmählich zu *angulas*, kleinen Aalen, heran.

Jetzt ist die Stunde des Aufbruchs gekommen. Die *angulas* formieren sich zu dichten, kompakten Schwärmen und lassen sich von den Meeresströmungen, am besten vom warmen Golfstrom, nordostwärts durch den großen Teich treiben, bis wieder Land in Reichweite kommt, was nach rund 5000 Kilometern vor der spanischen Küste der Fall ist.

Hier scheiden sich die Aal-Geister. Ob man die Reise nach Norden in die Biskaya oder gar zum Ärmelkanal in die Nordsee fortsetzen soll? Oder ob man besser durch die Straße von Gibraltar ins Mittelmeer schlüpft? Da winkt Mallorca-Urlaub in den Gewässern der Albufera.

Anspruchsvoll sind die Aale nicht. Süßwasser, Salzwasser, trübe Brühe, klare Quelle – es ist ihnen gleichgültig. Sie leben hier wie dort und fressen sich fett: Aus den *angulas,* den Älchen, werden *anguilas*, Aale.

Zehn, zwölf Jahre kann das Aal-Leben dauern. Dann irgendwann heißt es für die Aal-Damen, wieder aufzubrechen und auf die letzte Dienstreise zur Erhaltung der Art zu gehen, Richtung neue Welt, Richtung Bahamas.

Die Aal-Männer bleiben faul zu Hause. Und darum sind es vorwiegend männliche Aale, die man am Rande der Albufera oder sonstwo auf Mallorca verspeist.

Je länger, desto lieber – befinden die passionierten Aal-Fischer aus Muro und Sa Pobla angesichts ihrer Beute: Es ist nicht selten, daß ein Aal von einem guten Meter Länge im Netz zappelt.

Meist sind es Pensionäre, die sich dem Aal-Fang widmen: Leute, die Zeit haben, denn Aale sind Nachttiere, die das Tageslicht meiden.

Arroz brut

Schmutziger Reis

Für 4 Personen

100 g Schweinerippe
100 g Hühnerfleisch
100 g Kaninchen
100 g Entenfleisch
4 Tassen Rundkornreis
1 l Fleischbrühe
1 Zwiebel
1 Tomate
Salz und Pfeffer
Zimt und Nelken (sehr wenig)

Fleisch in Stücke schneiden, in Olivenöl anbraten, Zwiebel und Tomate, beides feingehackt, hinzufügen. Wenn alles goldgelb ist, 1 Liter Fleischbrühe hinzufügen.

Auf kleiner Flamme 20 Minuten kochen lassen. Dann mit den Gewürzen abschmecken und den Reis hinzufügen, weitere 10 Minuten kochen lassen. Vorsicht mit den Nelken und dem Zimt, nimmt man davon zuviel, kann die Sache leicht bitter werden.

Vor dem Servieren mit etwas gehacktem Knoblauch und Petersilie bestreuen. Wer mag, fügt auch noch die ganz klein gehackte und nur für Sekunden angebratene Kaninchenleber hinzu.

So einfach die Fangmethoden, »la cucada« (Rohr mit Wurmköder) oder »les morenells« (eine Art Reuse) , so raffiniert die Küchenkunst in Sachen *anguila.*

Die *espinagada* ist das mit Abstand bevorzugte Aal-Essen: Eine *coca mallorquina* mit lauter Gemüse und Gewürzen, die mit zehn Zentimeter langen Aal-Stücken geschmückt ist. Darüber eine weitere Schicht *coca,* das Ganze dann im Ofen gegart. Gemüse, sein Verhältnis zueinander sowie die Beize aus Öl und Pfeffer bleiben Geheimnisse des Koches oder der Köchin.

Die andere famose Art, Aal zu essen, besteht aus zwei sich ergänzenden Gängen: *fideus* und *greixonera* genannt. Man benötigt Lauch, Tomaten, Petersilie und Knoblauch, gewürfelt, sowie in fünf Zentimeter lange Stücke geschnittenen Aal; dazu Salz, Pfeffer und Öl. Alles kommt zusammen aufs Feuer, doch wenn der Aal gar ist, hebt man die Stücke aus dem Sud, in dem man die *fideus*, die Nudeln, gibt.

Das ist der erste Gang. Ihm folgt der zweite, die *greixonera*, die Tonschale, in der die Stücke vom Aal duften.

So endet der eleganteste, der glatteste aller Fische: der Aal, ein Wandervogel. Zweifellos ist das Leben eines Suppenhuhnes weniger abenteuerlich.

Ansonsten gibt es im Mesón Los Patos frischen Meeresfisch: »Wir werden mindestens drei- bis viermal pro Woche mit Fisch beliefert«, sagt Gabriel Font, »außerdem haben wir auch unser eigenes Boot, um zu fischen.«

Überhaupt ist Gabriel Font mit seinen Einkäufen ausgesprochen pingelig. Fleisch akzeptiert er nur vom Feinsten. Es kommt vom spanischen Festland, vor allem aus Avila oder aus Galizien.

Die Qualität des Angebotes hat im Laufe der Jahre dazu geführt, daß sich ein fester Kreis von Stammkunden gebildet hat: im Winter Mallorquiner und ausländische Residenten, im Sommer natürlich Urlauber und Touristen, Deutsche, Engländer und viele Spanier vom Festland. Und viel Prominenz kommt. Davon zeugen etliche Fotos an den Wänden: das spanische Königspaar, Jesulín de Ubrique, der Torero, Julio Iglesias, der Schnulzensänger, sowie Politiker und Honoratioren.

Das Mesón Los Patos wurde mehrfach von Gourmet-Vereinigungen und Zeitschriften ausgezeichnet, mehrmals bereits nahm Gabriel Font an der jährlichen Gastronomie-Messe, der »Mostra de Cuina Mallorquina«, in Palma teil.

Er ist sein eigener PR-Manager, während Leonor Barcelò in der Küche werkelt, ruhig und bedächtig. Qualität geht ihr über alles.

„LAAND!"

„WO?"
MALLORQUIN

Restaurante Es Celler

Petra

Kneipe oder Restaurant? Man weiß es nicht. Auf jeden Fall ist es nicht leicht zu finden im Wirrwarr der rechtwinkligen Gassen von Petra. Doch irgendwann verrät der Duft: Hier wird gut gekocht. Durch den Fliegenvorhang sieht man zunächst nur diffuses Dunkel, wenn man die steilen Stufen hinabsteigt.

Das Restaurant »Es Celler« in Petra liegt wirklich im Keller, in einer ehemaligen Bodega. Davon zeugen noch die Weinfässer, die landwirtschaftlichen Geräte an der Wand und ansonsten der blanke Steinfußboden, lange Holztische, Tongeschirr, Blechbesteck, handfeste Gläser. Hier zählt kein Zierat, hier zählt, was auf den Teller kommt. Und das ist köstlich.

Montserrat Barcelò, die Seniorchefin, kocht seit Jahrzehnten: Für die Familie, für die »Señores«, die adligen, wohlhabenden »Herrschaften«, für die sie viele Jahre gearbeitet hat, in ganz jungen Jahren als Hausmädchen, später als Köchin. Bei der Schilderung dieser »Karriere« läßt ihr Sohn, Miquel Montroig, gleich ein Stück Sozialgeschichte einfließen: »Früher waren die ›Señores‹ noch die ›Señores‹. Sie hatten Häuser, Land und viel Personal. Das hat sich in den letzten zwanzig Jahren geändert. Jetzt haben wir Arbeit und verdienen Geld.«

Heute kocht Montserrat Barcelò für das Restaurant, das Sohn und Schwiegertochter führen – und damit auch für das eigene Einkommen. Das macht sie stolz. Sie kocht klar, ehrlich, den Traditionen folgend. So wie sie es selbst gelernt hat und wie die, die es vor ihr gelernt haben.

Seit vier Jahren betreiben Magdalena Matas und ihr Mann Miquel Montroig das Restaurant, mit Mama in der Küche. Die Rezepte stammen aus der Familie, sind endlos erprobt und Bestandteil der klassischen mallorquinischen Küche.

Hier gibt es – außer bei den wenigen Gerichten, die vom offenen Holzkohlefeuer kommen wie *guàtleres*, frische Wachteln, oder *costelles de mè,* Lammkoteletts – keine Gerichte à la minute. Hier wird schon am frühen Vormittag vorbereitet, köcheln Saucen und Fonds, schmoren Lammschulter, *mè rostit,* oder *callos*, Kutteln, in großen Töpfen und *ollas*, den traditionellen Tongefäßen.

Die meisten Gerichte der »Cuina Mallorquina« gewinnen, wenn sie stehen und wenn sie aufgewärmt werden. Wie beispielsweise *colomi amb col*, Täubchen in Kohl, abgeschmeckt mit einer würzigen

Sauce, in die man Rosinen, Pinienkerne und kleine Scheiben von *butifarró*, der schmackhaften Blutwurst, gibt. Köstlich auch *llengua amb táperes*, Schweinezunge in Kapernsauce.

Sopes mallorquinas, ein Gericht mit getrockneten Scheiben des typischen *pan moreno*, des salzlosen Graubrotes, muß frisch bereitet werden. Die Brotscheiben werden mit Fleischbrühe aufgeschüttet, die mit frischem Gemüse der Saison, zum Beispiel mit Blumenkohl, Mangold, Paprikaschoten und Zuckererbsen gekocht wird, was sich auch optisch gut macht: weiß, grün, rot. Je nach Saison wird das Gericht auch mit frischen Pilzen angereichert.

Frit mallorquí

Innereien-Pfanne mit Kartoffeln

Dieses Gericht kann mit Schweinefleisch – nach dem Schlachtfest – oder mit Lamm bereitet werden. Die Mengenangaben bleiben die gleichen.

1 kg Innereien, in der richtigen Zusammensetzung – Leber, Lunge, Herz und Milz – beim Metzger kaufen
400 g Kartoffeln
1 Knoblauchknolle
3 große Möhren
1 Stange Sellerie
1 Stange Lauch
1 Bund Frühlingszwiebeln
1 Lorbeerblatt
1 Tasse Olivenöl
Salz und Pfeffer
1 großer Zweig Fenchelgrün vom wilden Fenchel

Alle Zutaten sehr fein würfeln.

Knoblauch in Öl kurz anbraten. Dann die Kartoffeln hinzufügen, goldgelb braten, herausnehmen und gut abtropfen lassen. Warm stellen.

Im gleichen Öl die Innereien bei sehr großer Hitze anbraten. Ebenfalls warm stellen.

Dann das Gemüse auf mittlerer Flamme kurz garen, abschmecken und das Fenchelkraut hinzufügen.

Alles mischen und erhitzen. Kurz stehen lassen und servieren.

Fava parada
Bohneneintopf

500 g Schweinerippe gepökelt
500 g getrocknete weiße Bohnen
1 Zwiebel
2 reife Tomaten
1 Knoblauchzehe
1 Lorbeerblatt
1 Bund Mangold
Olivenöl
Salz und Pfeffer, etwas frische Minze

Die getrockneten Bohnen über Nacht in Wasser einweichen.

Dann in einer flachen Tonschale, einer *greixonera*, das Schweinefleisch zusammen mit dem Knoblauch anbraten. Zwiebel und Tomaten, beides feingehackt, hinzufügen.

Kurz schmoren lassen, dann die eingeweichten Bohnen zugeben und mit Wasser auffüllen. Die Masse muß gut bedeckt sein.

Das Lorbeerblatt im Ganzen beigeben und gut 20 Minuten auf kleiner Flamme köcheln lassen. Den Mangold und die Minze fein hacken und zugeben. Abschmecken und in der *greixonera* servieren.

Im Winter gibt es *caragols*, Schnecken in einem Sud aus Speck, Schweineknochen, mit scharfen Paprika gewürzt. Dazu ißt man das salzlose Bauernbrot und tunkt die Schnecken in Knoblauchmayonnaise, in *aioli*, die hier sanft und zurückhaltend, fast edel im Geschmack ist.

Fast ein Fremdkörper auf der Speisekarte sind die Tintenfische vom Grill, *sipia torrada*, inseltypischer werden sie *amb ceba*, mit Zwiebeln, zubereitet, oder mit Fleisch gefüllt als *calamars farcits*.

Es gibt Stammgäste, die anrufen, bevor sie kommen, denn es gibt immer noch weitere Gerichte, die nicht auf der Speisekarte zu finden sind und die sich nach dem Marktangebot richten, wie *fava parada*, ein Eintopf aus weißen Bohnen mit gesalzener Schweinerippe und Speck, oder *conill amb cebolla*, Kaninchen mit Zwiebeln. Dazu serviert man als Hauswein den guten Roten von der Bodega Can Mec in Petra, einer der beiden Kellereien des Dorfes. Wein von Can Mec wird (noch) nicht in Flaschen abgefüllt; es gibt ihn nur vom Faß. Der Wein ist schwer, trocken und süffig.

Frische Zutaten sind das Geheimnis dieser Küche. Der größte Teil der »Materia prima« kommt aus dem Dorf selbst oder aus der unmittelbaren Umgebung. Immer wieder bringen Stammgäste, was sie im eigenen Haushalt nicht verbrauchen können: Zitronen, Hühner, Gemüse, Täubchen, Salat, Tomaten, Enten. Manchmal muß Miquel Montroig Einhalt gebieten, muß darum bitten, Schlachtfeste zu vertagen.

»Früher hatte jeder im Dorf Enten, Tauben und Hühner, jeder hielt ein Schwein, das im Herbst geschlachtet wurde, jeder baute Gemüse an«, sagt Miquel Montroig. Und er fügt hinzu: »Wir haben keine Tiefkühltruhe. Bei uns muß immer alles sofort verarbeitet werden.«

Wie gesagt, Es Celler war einst ein Weinlager. Dann, vor mehr als zwanzig Jahren, kaufte der damalige Bürgermeister von Petra, Antonio Bauza Roca, das Gemäuer und betrieb hier ein Restaurant, das nur bei Bedarf seine Pforten öffnete. Für seine Gäste. Und Petra hat hin und wieder internationale Gäste. Aus den Vereinigten Staaten zum Beispiel, meist Mitglieder oder Gäste der Associació Junipero Serra, eines Kulturverbandes, dessen Präsident Antonio Bauza Roca war. Immerhin war der berühmteste Sohn der Stadt, der Franziskanermönch Junipero Serra (1713 bis 1784), der Gründer von mehr als zwanzig Missionsstationen im fernen Kalifornien gewesen. Kleine Siedlungen, aus denen Weltstädte wie San Francisco oder Los Angeles hervorgegangen sind. Amerikaner pilgern daher gern nach Petra, besuchen das kleine Museum, in dem Leben und Werk des Franziskaners dokumentiert sind, oder sein unscheinbares Geburtshaus in der gleichen Straße. Die Büste des Junipero

Serra steht – als einzige eines Nichtamerikaners – im Kreise der Großen im Capitol zu Washington.

Darauf ist ganz Petra stolz, und dementsprechend wollte Don Antonio Bauza Roca seine Gäste gern standesgemäß bewirten. Ein Restaurant gab es damals in Petra nicht. Auch heute ist Es Celler das einzige Etablissement im Ort, besucht und beliebt bei Mallorquinern aus allen Teilen der Insel – hin und wieder kommen auch Fremde. Nur die Leute aus Petra, die kommen kaum. »Die kochen zu Hause«, sagt Miquel Montroig, »so wie hier bei uns meine Mutter kocht.«

Der Weg in den Carrer de l'Hospital 46 lohnt sich, geöffnet hat es jeden Tag, mittags und abends, außer montags. Dann ist Ruhetag, den alle im Celler dringend brauchen. Am Wochenende warten die Gäste vor der Bar oft in Dreierreihen, bei einem Glas Wein, mit ein paar eingelegten Oliven. Reservierungen werden nicht angenommen.

Restaurante Ca'n Pep

La Rápita

Ein schlechter Weg führt oft zu einem guten Restaurant, sagt man auf Mallorca. Schlecht ist der Weg nicht, der zum Ca'n Pep führt. Aber lang. Von Palma aus fährt man – zwar auf gut ausgebauter Straße – doch fast eine Stunde.

La Rápita, im äußersten Süden der Insel, hat kaum größere Orte, geschweige denn viel frequentierte Feriensiedlungen in unmittelbarer Nähe. Das ehemalige Fischerdorf zieht sich am Meer entlang, zwischen dem Yachthafen von S'Estanyol und dem Naturstrand Es Trenc. Aber für einen wirklichen Freund von Schalentieren und frischem Fisch ist eben kein Weg zu weit.

Kühl ist es im Restaurant Ca'n Pep: Tische und Stühle sind aus blitzblankem Pinienholz, die Tischwäsche ist so weiß wie die gekalkten Wände, an denen moderne Bilder des mallorquinischen Malers Riera Ferrari hängen – Bilder mit Felsen und Meer. Ansonsten gibt es in Ca'n Pep viel Nautisches, Tampen, Seemannsknoten, poliertes Messing. Von der Terrasse hat man einen endlosen Blick aufs Meer, sieht man die vorgelagerte Insel Cabrera.

Cool ist es nicht im Restaurant Ca'n Pep. Dafür sorgt die herzliche Gastfreundschaft des Wirtes José (Pep) Tejala Albons. Er führt das Restaurant seit gut fünfzehn Jahren, zunächst mit seiner Frau Maria Alejo Vizcaina, die nach wie vor in der Küche steht, und seit einigen Jahren auch mit den erwachsenen Kindern Juan und Rosa.

So puristisch die Einrichtung des Hauses ist, so puristisch ist auch die Küche. Hier gibt es keinen Schnickschnack, keine Saucen, die verschleiern oder schönen. Hier kommt der Fisch so frisch wie möglich auf den Tisch, meist pur, vom Grill. Pep duldet nicht einmal Zitrone: »Das ist Sünde; das macht den Geschmack kaputt.«

Fast alle seine Fische kommen aus den Gewässern, die in unmittelbarer Nähe des Restaurants sind: Fischgründe befinden sich rund um die Insel Cabrera, bei Cala Santanyi, bei Colonia de Sant Jordi, vor La Rápita selbst.

Die Meeresfrüchte, die »Mariscos« wie *navaja* (Messermuschel), *centollo* (Meeresspinne), *bogavante* (Hummer), *almeja* (Venusmuschel), *nècora* (Schwimmkrebs) bezieht Pep meist aus dem nordspanischen Galizien.

»Es gibt nicht mehr viele Mariscos rund um Mallorca«, sagt er. »Wenn wir aber einmal fündig werden, ist das ein großes Glück.

Fondo de peix
Fischfond

2–3 kg gemischte kleine Mittelmeerfische, vornehmlich *jarett* oder *jurel*
½ kg Zwiebeln
1 kg Tomaten
Knoblauch
Olivenöl
4–6 l Wasser

Die Gemüse im Öl anbraten, dann die Fische im Ganzen, aber ausgenommen, hinzufügen und weiter andünsten. Wenn sich die Mischung aufzulösen beginnt, mit dem Wasser ablöschen.

Wenn das Ganze zu kochen beginnt, den Kopf eines *mero*, eines ausgewachsenen Zackenbarsches, hinzufügen. Die Bäckchen dieses Fisches geben ein ganz besonderes Aroma.

Danach noch 30 Minuten weiterkochen und mit Salz und Pfeffer abschmecken.

Dieser Fond ist nicht haltbar und muß Tag für Tag frisch zubereitet werden. Er ist die Grundlage für Bouillabaisse, für *fideua*, ein Fischgericht mit Nudeln, für *paella* oder für den *suquet*.

Schalentiere aus dem Mittelmeer sind weitaus weniger salzig als solche aus dem Atlantik.«

Pepes Küchenhit ist die *parillada de mariscos*, eine gemischte Platte mit Fisch und Schalentieren vom Grill: *gambas* (Garnelen), *cigalas* (Kaisergranat), *almejas* (Venusmuscheln), *navajas* (Messermuscheln) und ein frischer Fisch je nach Fangsaison und Marktangebot. Dem Gericht wird zum Schluß *un toque*, eine Prise Knoblauch, und Petersilie zugegeben. Darauf schwören vor allem die Stammkunden.

»Unsere Kunden verstehen mittlerweile viel von Fisch«, sagt Pep, »sie haben gelernt, Frische und Geschmack zu schätzen. Mir war es immer ein Bedürfnis, Fisch und Schalentiere nicht nur zu verkaufen, sondern auch entsprechend anzubieten.«

Stammkunden konsultieren fast niemals die Speisekarte, sie fragen direkt nach den Köstlichkeiten des Tages, die da sein können: *salmonete* (Rotbarben), *sardo* (Binderbrasse), *denton* (Zahnbrasse), *lubina* (Wolfsbarsch), *pagel* (Rotbrasse), *mero* (Zackenbarsch), *rape* (Seeteufel) oder mehrere Sorten Tintenfisch wie *calamarin* (die ganz kleine Sorte), *sepia* oder *calamar*.

Gallo (Petersfisch) wird gelegentlich gebraten mit kroß gebratenen, knusprigen Zwiebelringen serviert.

Der König der Fische aus balearischen Gewässern ist der *cap roig* (wörtlich »Rotkopf«), ein brandroter Fisch mit großem Kopf und gebogenen Gräten, mit dem man umzugehen verstehen muß, sonst verheddert man sich endlos in den Gräten.

Bei Pep schmecken sogar die Tintenfische a la romana, jene runden Ringe umhüllt von einem zarten Teig, die in anderen Etablissements oft die Konsistenz von gebrauchten Keilriemen haben. Bei

Suquet de pez
Fischeintopf

pro Person je 1 Scheibe *mero* (Zackenbarsch) und *rape* (Seeteufel), einige Muscheln, Gambas und *cigalas*
3 Tomaten
1 große Zwiebel
Pinienkerne
Rosinen
Olivenöl
etwas Cognac
Fischfond (s. Seite 109)

Tomaten, Zwiebel, Pinienkerne und Rosinen in Olivenöl andünsten. Mit Cognac ablöschen und mit dem Fischfond auffüllen. Zum Kochen bringen und abschmecken.

Die Fische und Schalentiere hinzufügen, zudecken und auf kleiner Flamme 10 Minuten köcheln lassen. Dann 10 Minuten ruhenlassen und servieren.

ihm sind sie zart und saftig, zergehen auf der Zunge. Sein Trick: »Man muß sie früh am Morgen schneiden, dann mit Salz und Pfeffer bestreuen und mit reichlich Zitrone beträufeln. Danach soll der Fisch mindestens drei Stunden kalt stehen. Wenn möglich auch länger.«

Meisterhaft gelingen Maria Alejo alle Arten von Bouillabaisse, von Paella mit Fisch (die garantiert keine Gräten hat und deshalb *paella ciega* – »blinde« Paella genannt wird), von *arroz marinera*, einer Art Reiseintopf mit frischem Fisch und Schalentieren auf Basis eines hervorragenden Fischsuds. Hier liegt das Geheimnis. Maria schwört dabei auf die Bäckchen vom *mero,* vom Zackenbarsch, die das Ganze besonders schmackhaft machen. Die Vorbereitung des Suds beginnt täglich bereits am frühen Morgen, unmittelbar nach der ersten Lieferung.

Zu allen Fischgerichten empfiehlt Pep Tejala vor allem »Albarino«, einen herben Weißwein aus Galizien, blaß in der Farbe, bukettreich, mit einem zarten Fruchtaroma.

Zum Abschluß sei seine *repostería* empfohlen, die er auf der Speisekarte schnöde mit »Kuchenauswahl« übersetzen ließ. In Wahrheit handelt es sich um eine Auswahl feinster Petit Fours aus der berühmten Konditorei Pomar in Campos. Man kann aber auch eine

typisch mallorquinische Nachspeise bekommen wie *plàtanos con almendros* (Banane mit Mandeln), verschiedenen Sorten Frucht- oder Scholokadenmousse oder schlicht frische Erdbeeren mit Sahne.

»Für mich gibt es in der Gastronomie drei Grundsätze, die ich immer im Auge behalte: Service, Sauberkeit und sehr gute Produkte; die Preise sind dann zweitrangig«, sagt Pepe Tejala. Er ist ununterbrochen auf den Beinen, vom frühen Vormittag bis in den späten Abend. Sieben Tage in der Woche. Im Januar schließt er für vierzehn Tage.

Restaurante
100 m

Restaurante Ca'l Dimoni

Algaida

Der Teufel ist an allem schuld. Ihn schickten Guillermo Vanrell Nadal und seine Frau Antonia Barceló Amengual täglich auf die Straße. Immerhin – Teufel fallen auf, man begegnet ihnen nicht alle Tage. Warum in Algaida der Teufel ganz besonders zu Hause ist? Das hat mit dem Brauch der »Cossiers« zu tun:

Am 16. Januar feiert Algaida das Fest des Schutzpatrons Sant Honorat, dem auch eines der drei Klöster auf dem Berg Randa geweiht ist. Dort leben heute noch Mönche in völliger Abgeschiedenheit. Besucher sind nicht willkommen.

Bei dem Fest werden die traditionellen Tänze der »Cossiers« aufgeführt, ein Brauch, der auf Mallorca nur noch in Algaida – und in Montuiri – zu Hause ist. Dazu schrieb Erzherzog Ludwig Salvator in seinem Werk »Die Balearen in Wort und Bild«: »Die Gruppe der Cossiers besteht aus sechs weißgekleideten und phantastisch mit bunten Bändern aufgeputzen Männern oder Knaben, die Mützen mit Blumenbouquets tragen, und aus einem Knaben in Frauenkleidern, der in der einen Hand einen Fächer und in der anderen Hand ein Taschentuch hält und die Dama genannt wird. Hierzu kommen noch zwei als Teufel verkleidete Männer, die Els Dimonis genannt werden. Ihr Anzug besteht aus einem groben Hanfstoff, der bemalt und mit bunten Lappen besetzt ist. Ihr Gesicht bedeckt eine widerliche Maske und den Kopf ein Überwurf mit den Ohren und den Hörnern eines Ochsen, während hinten ein langer Schweif mit Schellen am Ende herunterhängt.«

Auch heute sieht die Gruppe der »Cossiers« nicht viel anders aus. Die alten Kostüme sind oft noch erhalten und wurden über Jahrzehnte liebevoll gepflegt. Die Ursprünge dieses Brauchs sind unbekannt, reichen aber möglicherweise bis ins 15. Jahrhundert zurück. Der Name soll vom mozarabischen »Korsair« herrühren, das soviel wie »Schritt« bedeutet. Ludwig Salvator leitet die Namensgebung vom Wort »ball de escocia« (Schottischer Tanz) ab.

Der Teufel – als die Versuchung schlechthin – spielt auch zur »Festa de Sant Antoni« am 17. Januar eine große Rolle.

Warum also sollte man nicht den Teufel zur Werbung nutzen? Anfang der sechziger Jahre kamen Guillermo Vanrell und Antonia Barceló auf die Idee, den ersten Urlaubern auf Mallorca die »Cossiers« als touristische Attraktion vorzuführen. Dreimal täglich tanzte die Gruppe im Patio ihrer Scheune, direkt an der Landstraße.

Cabrit rostit

Zicklein

1 ganzes Zicklein
1 große Zwiebel
3 Tomaten
1 Lorbeerblatt
2 kleine Flaschen Bier
1 Glas Whiskey
Zitrone
Salz, Pfeffer

Zwiebeln und Tomaten zusammen mit dem Lorbeerblatt, dem Bier und dem Whiskey schmoren. Den daraus entstandenen Sud mit Salz, Pfeffer und Zitrone abschmecken. Das Zicklein in den heißen Backofen geben, und während des Schmorens ab und zu mit dem Sud übergießen, damit es nicht austrocknet. Die Kochzeit beträgt etwa 3 Stunden. Zusammen mit Knoblauchmayonnaise servieren.

Immer wenn die Ausflugsbusse von der Ostküste in Richtung Palma fuhren und die Touristen den Teufel auf der Straße herumspringen sahen, war das Interesse sofort geweckt.

Irgendwann nannten die rührigen Leute ihr Etablissement »Ca'l Dimoni« (Haus des Teufels), irgendwann wurde der Patio überdacht, damit das Spektakel auch bei Regen stattfinden konnte. Irgendwann wurden auch Getränke serviert. Irgendwann war der mächtige Kamin nicht mehr nur Zierde, sondern wurde zum Grill umfunktioniert.

»Wir waren immer Bauern«, sagt Antonia Barceló heute. »Wir hatten zwanzig Schweine, machten unsere Würste selbst, hatten unseren Gästen also etwas zu bieten.« Auch unter Mallorquinern sprach sich die gute Qualität der Würste und Schweinerippchen von Ca'l Dimoni bald herum, auch sie kamen zu einer Jause. »Wir hatten es hier urig und einfach«, sagt Antonia, »und so soll es bleiben. Bei uns kann man das Fleisch mit den Fingern essen, kann es vom Knochen abnagen. Das gefällt vielen Leuten, die sich sonst etlichen gesellschaftlichen Zwängen unterwerfen müssen.«

Die Einrichtung ist wahrlich rustikal geblieben: Einfache Tische und Stühle stehen kreuz und quer in dem riesigen Raum, der immer in schummerigem Dunkel liegt. Von der Decke hängen Ketten, an denen lange Stangen befestigt sind, an denen die Würste baumeln.

Die Würste stammen nicht mehr nur aus der Eigenproduktion der Familie, kommen aber immer aus Algaida selbst: »Sie brauchen heimatliche Luft«, sagt Antonia Barcelò. Das Lammfleisch stammt ausschließlich aus Porreres.

Die Lammkoteletts von Ca'l Dimoni haben inzwischen genauso Berühmtheit erlangt wie die Würste, die *sobrasada*, die *butifarró*,

Porcella rostida

Spanferkel aus dem Holzbackofen

Für 6 Personen

1 Spanferkel von 4–5 kg
1 Knoblauchknolle
2 kleine Tassen Olivenöl
3 Zitronen
Petersilie
Salz, Pfeffer

Das Spanferkel portionsgerecht einschneiden und die Knochen schon vor dem Garen zerschlagen. Auf ein Ofenblech legen, Zitronen auspressen und den Saft über das Spanferkel träufeln, reichlich salzen und mit im Mörser zerstoßenem Knoblauch und Petersilie, vermischt mit dem Öl, begießen. Mit Alufolie bedecken und 1 Stunde im Holzbackofen braten. Zum Schluß ohne Folie braunbraten lassen.

Man sagt, daß Spanferkel nur bei trockenem Wetter wirklich knusprig wird. Gute Köche beweisen allerdings das Gegenteil.

die Schweinerippen und Filets, alles am offenen Feuer gegrillt. Es gibt keinen Fisch, kein Rind. Seit einigen Jahren hat Ca'l Dimoni auch eine richtige Küche und bietet nun auch andere mallorquinische Spezialitäten wie *sopes mallorquinas*, *callos* (Kutteln), *cordero asado* (Lammkeule aus dem Backofen) oder *porcella* (Spanferkel) an.

Wobei man sich im Ca'l Dimoni nicht an die üblichen Essenszeiten halten muß: Das Restaurant ist täglich außer Mittwoch von 12 bis 24 Uhr geöffnet. Früher öffnete man schon um acht Uhr morgens. Antonia Barceló findet es sehr merkwürdig, daß ihre Kellner und Küchenmädchen nicht mehr freiwillig zwölf Stunden pro Tag arbeiten wollen.

Heute, nach dem Tod ihres Mannes, führt sie den Laden mit fünf ihrer sechs Kinder gemeinsam. Chefköchin ist Tochter Francisca. Tochter Jeronima führt inzwischen mit ihrem Mann ein eigenes Restaurant im nahegelegenen Randa.

Algaida liegt an der Straße Palma – Manacor, einer der Hauptverkehrsadern der Insel. Das Städtchen selbst ist still, der Verkehr flutet außen vorbei. Die Bewohner widmen sich (noch) fast ausschließlich landwirtschaftlicher Tätigkeit. Dennoch ist Algaida nicht unbedingt eine arme Stadt. Der Reichtum liegt im Bereich der Gastronomie. Es gibt mehr als zehn Restaurants, alle mit mallorquinischer Küche.

Geschichtsbücher berichten, daß in der zweiten Hälfte des vorigen Jahrhunderts an der Straße einige Raststationen gegründet wurden. Man machte Pause auf der weiten Reise von Palma nach Manacor, man aß, hielt ein Nickerchen und trabte weiter. So – heißt es – seien die Restaurants entstanden. Antonia Barceló sieht das anders: »Es

Conill amb ceba

Kaninchen mit Zwiebeln

1 Kaninchen
$^{1}/_{2}$ kg Zwiebeln
3 Tomaten
Salz, schwarzer Pfeffer
Öl
Rosmarin
Thymian
Oregano
1 Glas Brandy
1 Glas Sherry
Knoblauch

Das Kaninchen in Stücke teilen, salzen und pfeffern. Den Knoblauch in Öl anbraten und die Kaninchenstücke dazugeben.

Wenn das Kaninchen von allen Seiten gut braun ist, die in feine Streifen geschnittenen Zwiebeln hinzugeben und mit etwas Rosmarin, Thymian und Oregano würzen. Brandy, Sherry und 1 Glas Wasser sowie die geschälten und in Würfel geschnittenen Tomaten zugeben und so lange auf kleiner Flamme schmoren, bis die Zwiebeln weich sind. Auf jeden Teller 2 Fleischstücke geben, mit Zwiebeln bedecken und die Sauce darübergeben.

Als Beilage kann man Kartoffelpüree reichen.

gibt so viel Neid hier im Dorf. Als die anderen sahen, daß wir Erfolg hatten, beeilten sie sich, uns zu kopieren.« Wie auch immer, die Restaurants von Algaida sind gut besucht, immer, ganz besonders aber am Wochenende. Dann muß man schon einmal auf einen Tisch warten.

Wer im Ca'l Dimoni wartet, kann die vielen Teufelsmasken aus aller Welt über der Bar betrachten. Antonia Barceló hat sie von zahlreichen Reisen mitgebracht: aus Bali, aus Japan, aus Lateinamerika, aus den Vereinigten Staaten. Der Teufel macht eben nicht nur in Algaida Karriere; der Teufel ist international.

Adressen

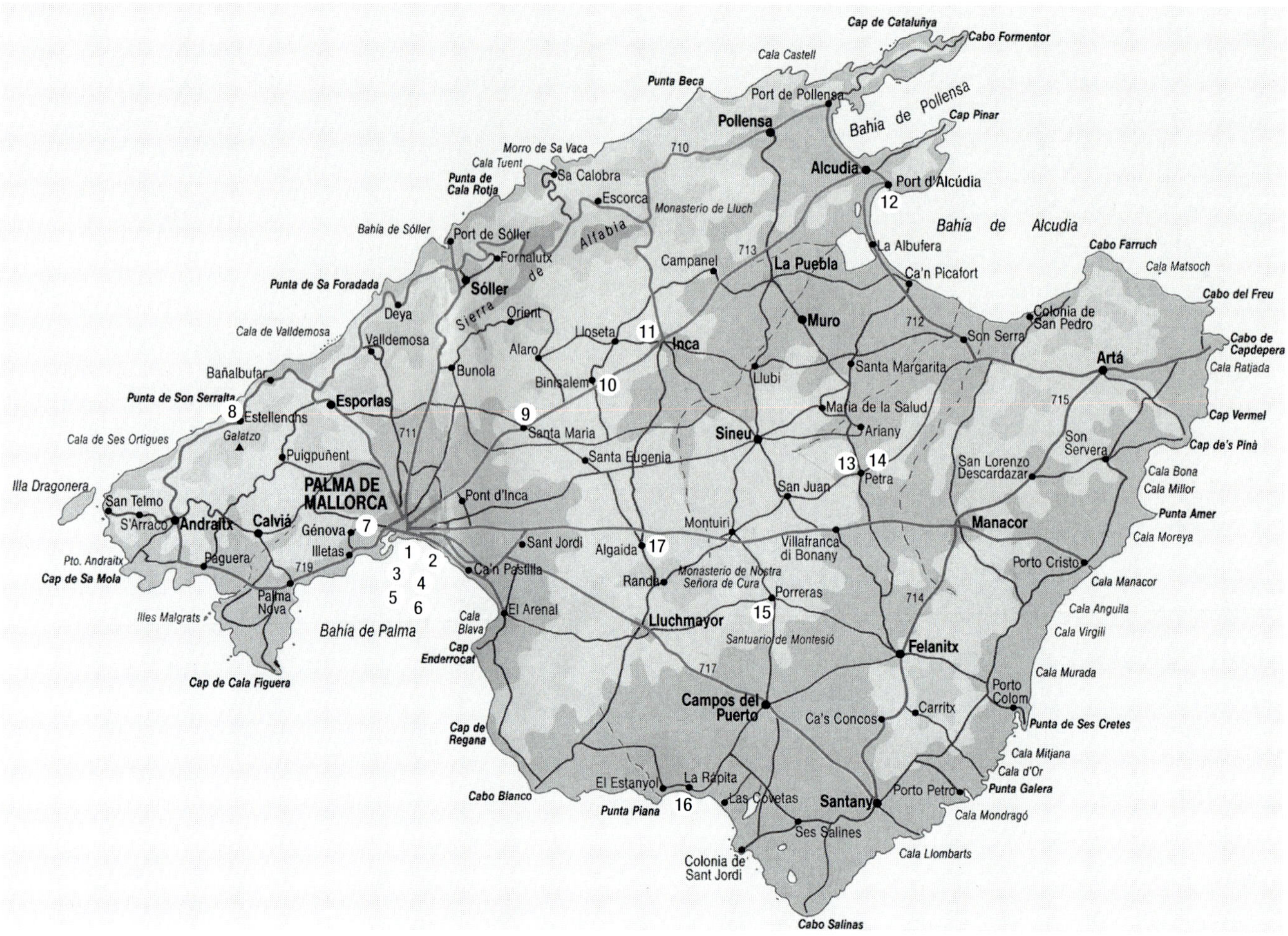

① **Forn de Sant Miquel**
Carrer de Sa Pelletería
Palma
Sonntag geschlossen

② **Celler Sa Premsa**
Placa Bisbe Berenguer 8
Palma
Telefon: 72 35 29
Sonntag geschlossen

③ **Casa Eduardo**
Muelle Industria
Pesquera 4
Palma
Telefon: 72 11 82
Sonntag geschlossen

④ **Can Joan de S'Aigo**
Carrer Sans s/n
Palma
Telefon: 71 07 59
Dienstag geschlossen
Die neue Schokoladenstube befindet sich in:
Ca'n Joan de S'Aigo
Carrer Barón Santa
Maria de Sepulcro 5
Palma
Telefon: 72 57 60
Dienstag geschlossen

⑤ **Restaurante Es Baluard**
Plaça Porta Santa
Catalina 9
Palma
Telefon: 71 96 09
Sonntag geschlossen

⑥ **La Vinoteca**
Plaça Mare de Deu de
la Salut 3
Palma

⑦ **Mesón Ca'n Pedro**
Carrer Rector Vives 4
Génova
Telefon: 40 24 79 oder
70 21 62
Dienstag geschlossen

⑧ **Restaurante Son Llarg**
Placa Constitució 6
Estellencs
Telefon: 61 85 64
Dienstag geschlossen

⑨ **Bodega Jaume de Puntiró**
Plaça Nova 23
Santa María del Camí

⑩ **Bodegas José Luis Ferrer**
Franja Roja S.A.
Telefon: 51 10 50
Die Bodegas Ferrer liegen – von Palma kommend – am Ortseingang von Binissalem. Besichtigung von Montag bis Freitag jeweils um 11 und 18 Uhr.
Die Weine von Ferrer werden importiert von:
Weinkontor Seevetal
Bernd Bardowicks
Im Lehmsaal 18
D-21220 Seevetal
Telefon und Fax:
0 41 85/29 12

⑪ **Celler Can Amer**
Carrer Bruy 7
Inca
Telefon: 50 12 61
Sonntag geschlossen

⑫ **Mesón Los Patos**
Ctra. S'albufera, km 8,9
Port d'Alcúdia
Telefon: 89 02 65
Dienstag geschlossen

⑬ **Restaurante Es Celler**
Carrer de l'Hospital
Petra
Telefon: 56 10 56
Mittwoch geschlossen

⑭ **Vinyes i Bodegues Miquel Oliver**
Carrer de la Fon 26
Petra

⑮ **Bodega Jaume Mesquida**
Carrer de la Vileta 7
Porreras

⑯ **Restaurante Ca'n Pep**
Avinguda Miramar 16
Telefon: 64 01 02
Telefono Móvil:
908 43 60 74
La Rápita Campos
Täglich geöffnet/ Ferien im Januar

⑰ **Restaurante Ca'l Dimoni**
Ctra. Manacor, km 21
Algaida
Telefon: 66 50 35
Mittwoch geschlossen

Mostra de Cuina – Muestra Gastronomica Mallorquina
Messegelände – Recinto Ferial Fires i Congressos
Carrer Ciutat de Querétaro s/n
Telefon: 77 13 03
Gastronomie-Messe. Findet meist Anfang bis Mitte April statt.

Verzeichnis der Rezepte

Mallorquinisches Küchenlexikon

aioli Knoblauch-mayonnaise
albergínies Auberginen
albergínies farcides gefüllte Auberginen
alls Knoblauch
ametles Mandeln
anguilas Aale
arengades Heringe
arrope Sirup
arroz brut Eintopfgericht mit Reis und Safran

bacallà Stockfisch
bollit Eintopf mit gekochtem Fleisch
butifarró Blutwurst

calabacins Zucchini
calamars Tintenfisch
caldereta Suppe
callos Kutteln
caproig Rotkopf
caragols Schnecken
carrabassa Kürbis
cebes Zwiebeln
coca Blechkuchen
codornices Wachteln
col Kohl
colomins Täubchen
confites Zuckerkugeln
conill Kaninchen
conill amb cebes Kaninchen mit Zwiebeln
costelles Koteletts
crema catalana Karamelpudding

empanades Teigtaschen
ensaimada Frühstücksgebäck mit Schweineschmalz
escabetx saure Marinade
escarxofes Artischocken
escarxofes farcides gefüllte Artischocken
esclatasangs Pilze (Blutreizker)
escudella fresca Gemüsesuppe

fava parada Eintopf aus weißen Bohnen
fideus Nudeln
figues Feigen
figues seques getrocknete Feigen
formatga Käse
frit mallorquí Eintopf aus Innereien und Kartoffeln

gall Petersfisch
gató Mandelkuchen
gelat Eis
girgolas Pilze
greixonera flache Tonschüssel

hierbas dolces Kräuterlikör süß
hierbas seques Kräuterlikör herb

jonquillo kleine Fische, im Teig gebraten
jerez Sherry

longanisses Paprikawurst
llagosta Languste
llampuga dunkler Fisch, ähnlich dem Thunfisch
llengua Zunge
llengua amb tàperes Zunge mit Kapernsauce
llet d´ametla Mandelmilch
lliebre Hase
lliebre amb ametles Hase mit Mandeln
llom Schweinelende

mè rostit gebratenes Lamm
meló Melone
mero Zackenbarsch

olives Oliven
olla bauchige Tonschüssel

pa Brot
pa amb oli Brot mit Öl – wird meist mit Schinken und/oder Käse serviert
pa negre Graubrot
palo Aperitif
patates Kartoffeln
pebres Paprikaschoten
peix Fisch
peix a la sal Fisch im Salz
perdices Schnepfen
peus de cabra »Ziegenfüße«-Muscheln
pinyones Pinienkerne
pollastre Huhn
pollastre amb salsa d´ametles Huhn mit Mandelsauce
porc Schwein
porc negre schwarzes Schwein
porcella rostida Spanferkel

safrà Safran
sipia torrada Tintenfisch vom Grill
sobrasada Paprikawurst
sopes getrocknete Brotscheiben für das Eintopfgericht
sopes mallorquinas Eintopfgericht mit Kohl und Brot

tàperes Kapern
tomatiges Tomaten
tomatiges de ramellet Wintertomaten
tordes Drosseln
turró Mandel-Honig-Gebäck
tortilla espanyol Kartoffelomelett
trempó Kartoffelomelett
tumbet Eintopf aus Sommergemüse

vi Wein
vi blanc Weißwein
vi rosat Rosado
vi negre Rotwein

xocolata Schokolade